AF483073

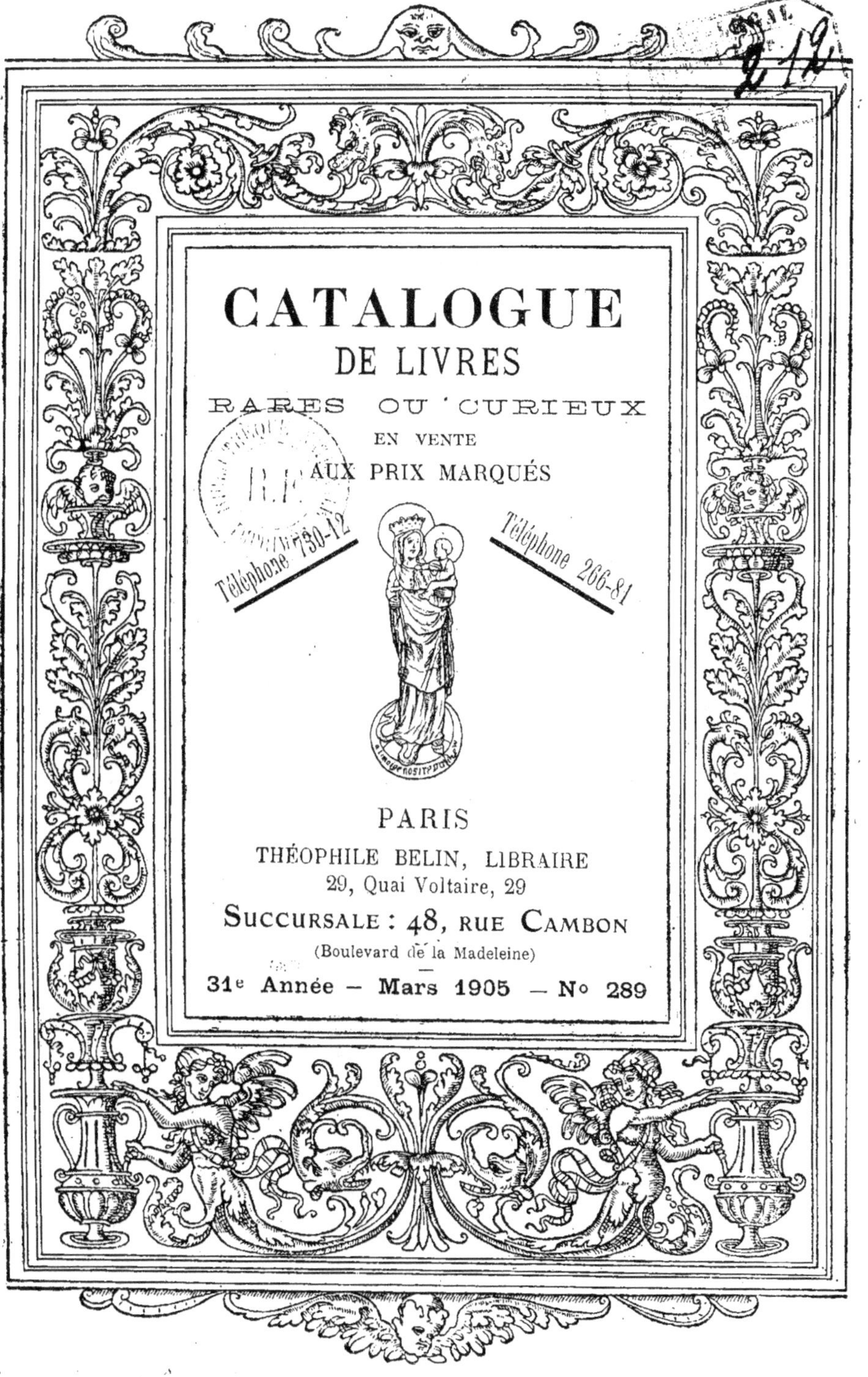

CATALOGUE

DE LIVRES

RARES OU CURIEUX

EN VENTE

AUX PRIX MARQUÉS

Téléphone 730-12

Téléphone 266-81

PARIS

THÉOPHILE BELIN, LIBRAIRE

29, Quai Voltaire, 29

SUCCURSALE : 48, RUE CAMBON

(Boulevard de la Madeleine)

31e Année — Mars 1905 — No 289

411. Abrégé chronologique de l'histoire de Lorraine contenant les principaux événemens de cette histoire (par Henriquez). *Paris, Guillot,* 1787 ; 2 vol. pet. in-8, demi-rel. chagr. bleu. 6 fr.

412. Abrégé de l'histoire universelle en figures. Ou recueil d'estampes représentans les sujets les plus frappans de l'histoire, tant sacrée que profane, ancienne et moderne, avec les explications historiques qui s'y rapportent, et les portraits en médaille des héros qui ont joué le plus grand rôle dans l'histoire, ornés de leurs attributs caractéristiques. *Paris, Duflos,* 1785 ; 2 vol. in-4, demi-percal., *non rognés.* 10 fr.

Texte seul, contenant : le premier l'histoire des Anciens, et le deuxième l'histoire sacrée.

413. ABSTEMIUS. Fabulæ ex græco in latinem per Laurentium Vallam uirum clarissimum uersæ. — Fabulæ ex græco in latinum per Laurentiù. Abstemium uirum clarissimum uersæ (A la fin) : *Impressum Venetiis per Magistrum Joannem de Cereto Tridino,* anno domini MCCCCXCY (sic) (1495) ; di vero III Augusti ; in-4, caract. ronds, mar. bleu jans., dent. int., tr. dor., *témoins (Chambolle-Duru).* 250 fr.

Bel exemplaire de cet ouvrage connu sous le titre de *Le Premier Hecatomythium,* ou recueil de cent fables d'Abstemius ; avec trente (trente-trois) fables d'Esope trad. par Laurent Valla. Il comprend 29 ff. à 30 lignes ; dont 22 pour les fables d'Abstemius, sign. a-b par 8 et c par 6 ; et 7 ff. pour les fables d'Esope sign. A par 7. Le prologue des fables d'Esope est daté : Ex urbe Cayetæ kl. maii MCCCCXXXVIII (1438).

414. Agrippa (Cornelius). De Incertudine et vanitate scientiarum declamatio invectiva, denus ab autore recognita et marginalibus annotationibus aucta. *S. l.,* 1536 ; in-16, demi-rel. bas. 10 fr.

Edition assez rare, divisée en 102 chapitres dont les pages ne sont pas chiffrées. Le titre renferme, gravé sur bois le portrait de l'auteur.

415. Affaire du Collier. Réunion de 18 pièces in-4, dérel. 15 fr.

Requête introductive au parlement, les chambres assemblées par le card. de Rohan. *Paris, Bruxelles, Flon.* — Mém. pour dame Jeanne de Saint-Remy de Valois, épouse du comte de la Motte. — Mém. et second mém. pour demoiselle Le Guay d'Oliva... — Réponse pour la Cie de Valois-Lamotte au mém. du Cte de Cagliostro. — Mém. du Cte de Cagliostro contre Me Chesnon et le sieur Delaunay. — Pièces justificatives pour M. le card. de Rohan. — Réflexions rapides pour M. le card. de Rohan. — Requette pour le sieur Marc-Ant. Rétaux de Villette. — Mémoire pour le Cte Cagliostro. — Requête au parlement les chambres assemblées par le card. de Rohan. — Mém. pour Louis-René-Ed. de Rohan. — Arrêt du parlement, la grande chambre assemblée. — Requête au parlement par le Cte de Cagliostro. — Sommaire pour la Cie de Valois-Lamotte. — Requête à joindre au mém. du Cte Cagliostro. — La dernière pièce du fameux collier. — Lettre du Cte de Cagliostro au peuple anglois.

416. Anacréon. Poésies, nouvellement traduites et accompagnées d'une préface par Maurice Albert. *Paris, libr. des Bibliophiles,* 1885 ; in-12, br., couv. 8 fr.

Compositions d'*Emile Lévy,* gravées par *Champollion.* Texte encadré.

417. Annales du Muséum national d'histoire naturelle par les professeurs de cet établissement. *Paris, Levrault, an-XI-an-XIII* (1802-1805) ; 6 vol. in-4, demi-rel. mar. rouge, dos orné. 50 fr.

Important recueil rédigé par Haüy. Faujas-Saint-Fond, Fourcroy, Desfontaines, Jussieu, Thouin, Lacépède, Geoffroy, Lamark, Cuvier, Vauquelin, Geoffroy-Saint-Hilaire. etc., etc. Nombreuses et belles planches en taille-douce.

418. Annales saintes depuis la création du monde jusqu'à la passion de Jésus-Christ ; gr. in-4, mar. rouge, dos orné, fil. *(Rel. anc.)* 75 fr.

Manuscrit d'une bonne écriture du XVIIe siècle de 631 feuillets. Il s'arrête au règne de Salomon. Exécuté pour Henry d'Escoublau de Sourdis, archevêque de Bordeaux (dont le monogramme orne le dos de la reliure), il passa à Charles d'Escoubleau qui fit frapper ses armes sur les plats du volume. Il devint ensuite la propriété du marquis de Courtauvaux dont le cachet de bibliothèque se voit au début et à la fin du manuscrit.

419. Antiquités romaines expliquées dans les mémoires du comte de B*** contenant ses avantures, un grand nombre d'histoires et d'anecdotes du tems très curieuses, ses recherches et ses découvertes sur les antiquités de la ville de Rome et autres curiosités de l'Italie. *La*

Haye, Jean Neaulme, 1750 ; in-4, bas. 4 fr.

Les dictionnaires de Quérard et de Barbier ne donnent pas le nom de l'auteur de cet ouvrage.

Les planches indiquées sur le titre ne semblent pas avoir jamais été gravées.

420. **Arago** (François). Notices biographiques. *Paris, Gide et Baudry*, 1854 ; 3 vol. in-8, demi-rel. chagr. vert, plats toile. 6 fr.

421. **Arago** (François). Notes scientifiques. *Paris, Gide et Baudry*, 1854 ; 5 vol. in-8, demi-rel. chagr. rouge, plats toile. 15 fr.

Bel exemplaire.

422. **Arène** (Paul). La Vraie Tentation du grand Saint Antoine. Contes de Noël racontés par Paul Arène. *Paris, Charpentier*, 1880 ; in-4, br. 4 fr.

Illustrations par *Vollon, Bastien-Lepage, Léonce Petit, d'Alheim, Sahib, Rochegrosse, Scott, Forain, Bigot, Chevallier, Sutter.*

423. **Arioste**. Roland furieux. Traduction nouvelle par Francisque Reynard. *Paris, Alphonse Lemerre*, 1880 ; 4 vol. in-12, portr., br. 35 fr.

L'un des 40 exemplaires sur PAPIER WHATMAN (n° 1).

424. **Arts** (Les) du bois, des tissus et du papier, par MM. de Champeaux, Darcel, Gaston Le Breton, Germain Bapst, Duplessis, V. Champier. *Paris, Quantin*, 1883 ; in-4, br. 6 fr.

Illustré de 338 gravures. Cet ouvrage forme une véritable encyclopédie de l'Art industriel.

425. **Astruc** (Zacharie). Les Dieux en voyage. *Paris, Bachelin-Lecat*, 1889 ; pet. in-4, br., couv. 4 fr.

426. **Aubert** (Ch.-F.). Le Littoral de la France.—Du Mont-Saint-Michel à Lorient. Deuxième édition. *Paris, Palmé*, 1886 ; in-4, br., couv. ill. 4 fr.

Nombreuses illustrations de *H. Scott, Brun, Toussaint, Yan d'Argent, Fraipont*, etc., gravées sur bois par *Rognon, Smeeton, Puyplat et Bellanger.* Piqûres de clous aux premiers ff.

427. **Aventures** (les) merveilleuses de Fortunatus, avec une préface par Henry Fouquier. *Paris, libr. des bibliophiles*, 1887; in-4, br. 5 fr.

120 vignettes dans le texte par *Edouard de Beaumont.*

428. **Baillet** (Adrien). Histoire des demeslez du pape Boniface VIII avec Philippe le Bel, roy de France. *Paris, Barrois*, 1718; in-12, vélin blanc à recouv. 4 fr.

429. **Bal** (Le) des Élections, par Mme de *** (Rose de Saint-Surin). *Paris, Louis Janet*, s. d. ; pet. in-12, br. 3 fr.

Frontispice et vignette sur le titre.

430. **Ballanche**. Œuvres. *Paris, Barbezat*, 1830 ; 4 vol. in-8, br. 8 fr.

Cette édition devait former 9 volumes. Les 4 que nous annonçons sont les seuls qui aient paru.

431. **Baudouin**. Catalogue raisonné de l'œuvre de Pierre-Antoine Baudouin, par Emmanuel Bocher. *Paris, Lib. des Bibliophiles*, 1875 ; in-4, br. 8 fr.

Reproduction héliographique d'une des planches les plus rares de l'œuvre.

432. **Becker**. Cultrivori prussiaci curatio singularis. Descripta à Daniele Beckero, Dantiscano med. profess. *Lugduni Batavorum, ex off. Joannis Maire*, 1640 ; in-12, vélin. 5 fr.

Curieuse dissertation médicale. Figure représentant un homme ayant ingéré un couteau qui lui sortit par la poitrine.

433. **Berkenmeyer**. Le Curieux antiquaire, ou recueil géographique et historique des choses les plus remarquables qu'on trouve dans les quatre parties de l'univers. *Leide, vander Aa*, 1729; 3 vol. in-8, veau. 15 fr.

Planches gravées sur cuivre.

434. **Bernard**. Œuvres de Bernard, ornées d'une gravure d'après Prudhon. *Paris, Janet et Cotelle*, 1823; in-8, br. 12 fr.

Très bel exemplaire sur PAPIER VÉLIN avec la figure de *Prudhon* en double état : eau-forte et avant lettre sur Chine, gravée par *Roger.*

435. **Berthoud**. Le Monde des insectes. *Paris, Garnier*, s. d.; gr. in-8, br., couv. ill. 4 fr.

Illustré d'un grand nombre de vignettes sur bois gravées par *Joliet, E. Thomas, Lacoste jeune, Demarle, Dupeyron, Pisan, Delangle, Ecosse, Jourdhuy*; dessins de *Yan Dargent.*

436. **Bibliothèque Bleue** (La), entièrement refondue et considérablement augmentée. *Paris, Cos-*

tard, 1776 ; 4 vol. in-8, demi-rel.
bas.   25 fr.

> Cette collection, illustrée de 6 figures de
> *Desrais*, comprend : Histoire de Pierre
> de Provence et de la belle Maguelonne. —
> Histoire de Robert-le-Diable. — Histoire
> de Richard sans peur. — Histoire de For-
> tunatus. — Histoire des Enfans de Fortu-
> natus. — Histoire de Jean de Calais. —
> Les quatre fils Aymon.

437. **Bibliothèque Gauloise**, publiée par A. Delahays. *Paris*, 1858-
1860 ; 10 vol. in-12, demi-rel. cuir
de Russie, tête dor., *non rognés*
(*Belz-Niedrée*).   45 fr.

> Les Cent nouvelles nouvelles, 1 vol. —
> Aventures de Dassoucy, 1 vol. — Vaux de
> Vire d'Olivier Basselin, 1 vol. — Le Cym-
> balum Mundi, 1 vol. — Histoire comique
> de Francion, 1 vol. — Contes et nouvelles
> de la Fontaine, 1 vol. — Recueil de farces,
> 1 vol. — Chronique de la Pucelle, 1 vol.
> — Histoire maccaronique de Merlin Coc-
> caie, 1 vol. — L'Heptaméron des nou-
> velles de Marguerite de Navarre, 1 vol.
> Exemplaire tiré sur GRAND PAPIER.

438. **Biografia** degli uomini illustri
del regno di Napoli ornata de loro
rispettivi rittrati. Compilata da diversi letterati nazionali. *Napoli,
Nic. Gervasi* (1813-1817) ; 4 vol.
in-4, cart.   40 fr.

> 192 portraits gravés sur cuivre.

439. **Biographie** universelle clas-
sique ou dictionnaire historique
portatif, par une Société de gens
de lettres. *Paris, Gosselin*, 1829 ;
3 vol. in-8, demi-veau vert. 12 fr.

440. **Bitard**. Dictionnaire de Biographie contemporaine française et
étrangère, augmenté d'un supplément. *Paris, Léon Vanier*, 1880 ;
gr. in-8, br.   4 fr.

441. **Bitaubé**. Joseph. Sixième édition revue et corrigée. *Paris, impr.
de Didot l'aîné*, 1797 ; 2 vol. in-18,
veau.   5 fr.

> 9 jolies figures de *Marillier* gravées
> par *Née*.

442. **Blegny** (de). Le bon Usage du
thé, du café et du chocolat, pour
la préservation et pour la guérison
des maladies. *Lyon, Thomas
Amaulry*, 1687 ; in-12, front. et
fig., bas.   6 fr.

443. **Blondel** (Spire). L'Art intime
et le goût en France. Grammaire

de la curiosité. *Paris, Rouveyre,*
1885 ; in-4, br.   10 fr.

> Ouvrage illustré de 25 planches hors texte
> et de 200 vignettes intercalées dans le texte
> par *Arents, Bourdin, Fraipont, Lenoir,
> Monchablon*, etc.

444. **BOCCACE**. BOCACE DES
NOBLES MALEUREUX. Nouvellement
imprimé à Paris l'an mil cinq cens
XXXVIII (1538). *On les vend à
Paris en la rue Sainct Jaques a
lenseigne de lelephant. (A la fin)* :
Cy finist le neufuiesme et dernier
livre de Jehan Boccace des nobles
hommes et femmes infortunez trâs-
late de latin en frâcoys. *Nouvellement imprime a Paris par Nicolas couteau, Imprimeur, demou-
rant audit lieu, et fut achevé de
imprimer le penultime de Decem-
bre mil D.XXXVIII* (1538) ; in-fol.
goth. à 2 col., veau brun, dos orn.
(*Rel. anc.*).   150 fr.

> Cette traduction du latin des Nobles
> hommes et femmes infortunés est l'œuvre
> de Laurent de Premierfait.
> Edition rare, ornée d'un certain nombre
> de figures sur bois.
> Au verso du dernier feuillet figure la
> MARQUE DE AMBROISE GIRAULT.

445. **Boccace**. Le Décaméron de
Jean Bocace. Traduict d'italien en
françoys par maistre Antoine le
Maçon. Avec notice, notes et glossaires par Frédéric Dillaye. *Paris,
Alphonse Lemerre*, 1882-1884 ; 5
vol. in-12, portr., br.   40 fr.

> L'un des 50 exemplaires sur PAPIER
> WHATMAN (n° 1).

446. **Boileau**. Œuvres diverses du
sieur D*** (Despréaux), avec le
traité du sublime ou du merveil-
leux dans le discours, traduit du
grec de Longin. Nouvelle édition
revue et augmentée. *Paris, D.
Thierry*, 1685 ; in-12, veau.   4 fr.

447. **Boileau**. Œuvres diverses du
sieur D*** (Despréaux), avec le
traité du sublime ou du merveil-
leux dans le discours, traduit du
grec de Longin. Nouvelle édition
reveue et augmentée. *Paris, D.
Thierry*, 1694 ; 2 vol. in-12, veau. 6 fr.

> Frontispice et figures gravés en taille-
> douce.

448. **Bolswert** (Bœtuis a). Le Pe-
lerinage des deux sœurs Colom-
belle et Volontairette vers leur
bienaimé dans la cité de Jérusa-

lem. *A Liège et à Lille chez Jacquez*, s. d.; in-12, veau.   12 fr.

Traduction française, par Morin, de ce très curieux roman mystique illustré de figures singulières.

449. **Borri** (G.-F.). La Chiave del gabinetto del cavaglière Gioseppe Francesco Borri, milanesi. *Colonia, Petro del Martello*, 1681. — Istruzioni politiche. *Colonia, P. del Martello*, 1681. Ens. en un vol. in-12, chagr. rouge.   5 fr.

On lit cette note sur la 1re garde du volume : « Livre extrèmement rare, surtout quand on y trouve adjoint l'Instruzioni politiche, L'auteur de ces ouvrages avait des idées singulières qui le mirent assez mal avec l'inquisition à Rome. Il en fut victime et il finit ses jours dans les prisons de ce rigoureux tribunal. L'abbé de Villars en a fait un extrait qu'il a publié sous le titre de Comte de Gabalis ».

450. **Bosse** (A.). La pratique du trait à preuves, de Mr Desargues lyonnois, pour la coupe des pierres en l'architecture. *Paris, Des-Hayes*, 1643 ; in-8, veau, dos orné.   10 fr.

Frontispices en tète de dédicace. Cet ouvrage contient 114 planches de plans gravés.

451. **Bouclier** d'Estat et de Justice, contre le dessein manifestement découvert de la monarchie universelle, sous le vain prétexte des prétentions de la reyne de France (par le Bon de Lisola). S. l. (*Bruxelles*), 1667 ; pet. in-12 de 220 pp. — Remarques pour servir de réponse à deux écrits (de Stockmans), imprimez à Bruxelles, contre les droits de la reine sur le Brabant, et sur divers lieux des Païs-Bas. *Paris*, 1667 ; pet. in-12. — Ensemble 2 ouvrages rel. en un vol. vélin blanc (*Rel. anc.*).   6 fr.

452. **Bouillart** (Jacques). Histoire de l'abbaye royale de Saint-Germain-des-Prez. *Paris, Dupuis*, 1724 ; in-fol., veau, dos orné.   30 fr.

Fleuron, 2 jolies vignettes de *Caze*, gravées par *Tardieu*, 4 plans et 18 grandes planches de *Chaufourier* gravées par *Lucas, A. Hérisset, Pigné*, etc.

453. **Boulainvilliers** (le Comte de). Histoire de la Pairie de France et du parlement de Paris, où l'on traite aussi des Electeurs de l'Empire et du Cardinalat. *Londres, Samuel Harding*, 1740 ; in-12, front., veau.   4 fr.

454. **Bourgeois** (Émile). Le Grand Siècle, Louis XIV, les arts, les idées d'après Voltaire, Saint-Simon, Spanheim, Dangeau, Mme de Sévigné, Choisy, La Bruyère, Laporte, etc. *Paris, Hachette*, 1896 ; in-4, br.   15 fr.

Ouvrage illustré d'un très grand nombre de gravures d'après les documents originaux de l'époque. — Couverture en parchemin imprimée en or.

455. **Bournand**. Histoire de l'Art en France. *Paris*, 1891 ; in-4, br. 8 fr.

Portraits et vignettes.

456. **Bourrienne**. Mémoires sur Napoléon, le Directoire, le Consulat, l'Empire et la Restauration. Neuvième édition. *Paris, A. Ozanne*, 1839 ; 10 vol. in-12, br.   15 fr.

Mémoires contenant des particularités des plus intéressantes sur la personne et le règne de Napoléon Ier.

457. **Bourienne** et ses erreurs volontaires ou observation sur ses mémoires, par MM. le général Belliard, le général Gourgand, le Comte d'Aure, le Comte de Survilliers, le Baron Meneval, le Comte Bonacossi, le Prince d'Eckmulh, le baron Massias, le Comte Boulay de la Meurthe, le Ministre de Stein, Cambacérès recueillies par A. B. (A. Buloz). *Bruxelles, L. Hauman*, 1830-1831 ; 3 vol. in-12, br.   6 fr.

Taches de rousseurs.

458. **Brumoy**. Théâtre des Grecs, par le P. Brumoy. Nouvelle édition, enrichie de très belles gravures et augmentée de la traduction entière des pièces grecques. *Paris, Cussac*, 1785-1789 ; 13 vol. in-8, veau granit, dos orné, fil. (*Rel. anc.*). 35 fr.

23 figures par *Borel, Defraine, Le Barbier, Maréchal, Marchand, Marillier* et *Monnier*, gravées par *Delignon, Guttemberg, Halbou, Langlois, Masquelier, Patas, Petit* et *Texier*.

459. **Budget** (Le) de Henri III, ou les premiers Etats de Blois, comédie historique, précédée d'une dissertation sur la nature des guerres qu'on a qualifiées guerres de Religion dans le XVIe siècle (par le comte Rœderer). *Paris, Bossange*, 1830 ; in-8, br.   5 fr.

460. **Buchanani** (Georgii). Opera Omnia, curante Th. Ruddimano cum præfat. P. Burmanni. *Lugduni*

Batavorum, Langerak, 1625 ; 2 vol. in-4, veau granit, dos orn. (*Rel. anc.*).   8 fr.

Edition la meilleure que l'on ait des œuvres de ce célèbre Ecossais.

461. Burigni (de). Vie d'Erasme, dans laquelle on trouvera l'histoire de plusieurs hommes célèbres avec lesquels il a été en liaison, l'analyse critique de ses ouvrages, et l'examen impartial de ses sentiments en matière de religion. *Paris, De Bure,* 1757 ; 2 vol. in-12, vélin blanc à recouv.   6 fr.

462. Burty (Philippe). F.-D. Froment-Meurice, argentier de la ville (1802-1855). *Paris, Jouaust,* 1883 ; in-4, br.   6 fr.

Portrait et planches à l'eau-forte. Long envoi autographe de l'auteur.

463. Cadet-de-Vaux. Dissertation sur le Café, son historique, ses propriétés. *Paris,* 1806 ; in-12, br. 4 fr.

464 Calmet (Dom Augustin). Dictionnaire historique, critique, chronologique, géographique et littéral de la Bible. Enrichi de plus de 300 figures en taille-douce qui représentent les Antiquitez judaiques. Nouvelle édition, revue, corrigée et augmentée. *Paris, Emery,* 1730 ; 4 vol. in-fol., veau (*Rel. fatiguée*) 30 fr.

Ouvrage très estimé.

465. Calmet (Dom Aug.). Histoire généalogique de la maison du Chatelet, branche puinée de la maison de Lorraine. *Nancy,* 1741 ; in-fol., veau.   20 fr.

Exemplaire très fatigué.

466. Calmet (Dom Augustin). Traité sur les Apparitions des esprits, et sur les vampires, ou les revenans de Hongrie, de Moravie, etc. Nouvelle édition, revue, corrigée et augmentée. *Paris, Debure,* 1751 ; 2 vol. in-12, veau.   8 fr.

467. Cap (P.-A.). Le Muséum d'histoire naturelle. *Paris, Curmer,* 1854 ; gr. in-8, br., couv.   12 fr.

Histoire de la fondation et des développements successifs de l'établissement ; biographie des hommes célèbres qui y ont contribué par leur enseignement ou par leurs découvertes, etc.
Belles figures sur bois, sur acier, et planches coloriées.

468. Caricature. La Foudre, journal des nouvelles historiques, de la littérature, des spectacles, des arts et des modes, rédigé par une société de gens du Monde et d'hommes de lettres. *Paris,* 1821-1823 ; 10 vol. in-8, cart.   100 fr.

Collection complète de ce journal, dont Charles Nodier fut l'un des principaux rédacteurs, et qui parut tous les 5 jours du 10 mai 1821 au 30 novembre 1823. Il est illustré de lithographies représentant des costumes de l'époque, des pièces satiriques, des caricatures, etc. — Les titres des tomes VIII à X manquent.

469. Casanova de Seingalt. Histoire de ma fuite des prisons de la République de Venise qu'on appelle les Plombs. *Bordeaux, Vve Moquet,* 1884 ; gr. in-8, portr. et fig., br. 4 fr.

Exemplaire tiré sur PAPIER VERGÉ DE HOLLANDE.

470. Catéchisme et décisions de cas de conscience à l'usage des Cacouacs ; avec un discours du patriarche des cacouacs, pour la réception d'un nouveau disciple (par l'abbé Giry de Saint-Cyr). *A Cacapolis (Paris),* 1758 ; pet. in-8, veau.   5 fr.

Ecrit contre les philosophes et l'Encyclopédie.

471. Catéchisme (le) du genre humain dénoncé par le ci-devant évêque de Clermont ; précédé d'un discours sur les causes de la division, de l'esclavage et de la destruction des hommes les uns par les autres (par François Boissel). Seconde édition, revue, corrigée et augmentée. *Paris,* 1792 ; in-8, demi-rel. veau.   4 fr.

A la suite on a relié : *La Magie blanche dévoilée, par M. Decremps.* Paris, 1784, front.

472. Catalogue de l'exposition de gravures anciennes et modernes. *Paris, Cercle de la librairie,* 1881 ; in-4, en feuilles dans un carton. 5 fr.

Nombreuses reproductions par les différents procédés, gravure, photogravure, lithographie, chromolithographie, etc.

473. Catteau-Calleville (J.-P.). Tableau de la mer Baltique, considérée sous les rapports physiques, géographiques, historiques et commerciaux. *Paris, Pillet,* 1812 ; 2 vol. in-8, cart.   4 fr.

474. Cavaleriis. Illustriores effigies. L. Pontificium Rom. R. D. Julio Roscio Hort. theologo insigni ac S. Mariæ transtiturbis Beneficiato Meritis a Jo. Baptista de Cavaleriis. D. D. *S. l.* (*Romæ*), 1589 ; in-fol., vélin (*Rel. anc.*). 50 fr.

Recueil se composant de 51 portraits.

475. Cazotte. Œuvres badines et morales. Nouvelle édition, corrigée et augmentée. *Londres* (*Cazin*), 1788 ; 7 vol. in-18, br. 8 fr.

Frontispices de *Dunker*.

476. CERVANTÈS (Miguel de). El Ingenosio Hidalgo Don Quixote de la Mancha. Nueva edicion corregida por la Real Academia española. *Madrid, D. Joaquin Ibarra*, 1780 ; 4 vol. in-4, veau bleu marb., dos orn.,dent.,tr.dor.(*Rel. anc.*). 200 fr.

2 frontispices, 1 portrait, 14 lettres ornées, 22 en-têtes ou vignettes, 20 culs-de-lampe et 31 figures dessinées par *Barranco, Brunette, del Castillo, Ferro* et *Gil*, gravées par *Ballester, Barcelon, Fabregat, Montaner, Salvador* y *Carmona* et *Selma*.

477. Cervantes (Michel de). L'histoire de don Quichotte de la Manche. Première traduction française par, C. Oudin et F. de Rosset, avec une préface de E. Gebhart. Dessins de J. Worms gravés à l'eau-forte par de Los Rios. *Paris, Jouaust*, 1884 ; 6 vol. in-16, br., couv. 25 fr.

De la Petite Bibliothèque artistique.

478. Champfleury. Balzac au collège, avec une vue d'après nature. *Paris, Patay*, 1878 ; in-16, br. 3 fr.

479. Champfleury. Les Vignettes romantiques. Histoire de la littérature et de l'art, 1825-1840 ; 150 vignettes par Célestin Nanteuil, Tony Johannot, Devéria, Jeanron, Edouard May, Jean Gigoux, Camille Roger, Achille Allier. *Paris, Dentu*, 1883 ; in-4, br., couv. 20 fr.

Cet ouvrage est suivi d'un catalogue des romans, drames, poésies ornés de vignettes, de 1825 à 1840.

480. Chansonnier historique du XVIIIe siècle. Publié avec introduction, commentaire, notes et index par Emile Raunie. *Paris, Quantin*, 1879-1884 ; 10 vol. in-12, br., couv. 25 fr.

Recueil Clairambault-Maurepas, orné de portraits à l'eau-forte par *Rousselle* et *Rivoalen*.

481. Charlevoix (le P. de.) Histoire du Paraguay. *Paris, Ganeau*, 1757 ; 6 vol. in-12, cartes, veau marbr., tr. rouge. 20 fr.

Ouvrage réputé.

482. Chastellux. Voyages de M. le marquis de Chastellux dans l'Amérique septentrionale dans les années 1780, 1781 et 1782. *Paris, Prault*, 1786 ; 2 vol. in-8, fig., bas. 4 fr.

483. Chateaubriand. Itinéraire de Paris à Jérusalem et de Jérusalem à Paris, en allant par la Grèce, et revenant par l'Egypte, la Barbarie el l'Espagne. *Paris, Le Normant*, 1811 ; 3 vol. in-8, carte, bas., dos orné. 8 fr.

484. Chateauterne (de). Itinéraire de Pantin au Mont Calvaire, ou lettres inédites de Chactas à Atala. *Paris, Dentu*, 1811 ; in-8, cart., non rogné. 4 fr.

Spirituelle parodie de l'itinéraire de Jérusalem, de Chateaubriand, dont l'auteur dissimulé sous le pseudonyme de Chateauterne était René Périn.

485. Chauveau. Vie de Charles-Melchior-Artus, marquis de Bonchamps, général vendéen. *Paris, Bleuet*, 1817 ; in-8, br. 3 fr.

Légères mouillures. Le portrait manque.

486. Chefs-d'œuvre (Les) de l'Art au XIXe siècle. *Paris, Librairie illustrée*, s. d. ; 5 vol. in-4, cart. toile, tête dor., non rognés. 50 fr.

L'Ecole française de David à Delacroix, par André Michel.
L'Ecole française de Delacroix à H. Regnault, par Alfred de Lostalot.
La Peinture française actuelle, par Paul Lefort.
La peinture étrangère au XIXe siècle, par T. de Wyzewa.
La sculpture et la gravure en France au XIXe siècle, par Louis Gonse.
Très belles eaux-fortes et figures tirées sur Chine, et nombreuses gravures au burin dans le texte.

487. Chenu. Rapport au Conseil de santé des armées sur les résultats du service médico-chirurgical aux ambulances de Crimée et aux hôpitaux militaires français en Turquie pendant la campagne d'Orient en 1854-1855-1856. *Paris, V. Masson*, 1865 ; gr. in-4, chagrin brun, tête dor., éb. 6 fr.

On y trouve cités tous les noms des militaires pensionnés à la suite de blessures et d'amputations pendant la campagne de Crimée.

Et de Livres anciens et modernes

488. Cherville (G. de). Les Chiens et les Chats. Préface d'Alex. Dumas. *Paris, librairie de l'Art,* 1888; in-4; cart. toile rouge, tr. dor., *non rogné.* 12 fr.

 6 eaux-fortes et 145 dessins d'*Eugène Lambert.*

489. Cherville (G. de). Récits de Terroir. Ouvrage illustré de nombreuses gravures sur bois. *Paris, Firmin-Didot,* 1893 ; in-4, br., couv. ornem. 4 fr.

490. Chevrier. Le Colporteur, histoire morale et critique. *Londres, J. Nourse, s. d. ;* in-8, demi-rel. mar. brun. 4 fr.

 Les derniers feuillets sont inversés.

491. Chevrier. Œuvres complètes. *Londres, Nourse (Bruxelles),* 1762 et suivantes ; 3 vol. in-12, bas. 15 fr.

 Le Colporteur. — Les Amusemens des Dames de B. — Mémoires d'une honnête femme. — Histoire de la vie de H. Maubert, soi-disant chevalier de Gouvest. — La Vie du fameux Père Norbert, ex-capucin. — L'Almanach des gens d'esprit. — La Gazette de l'Olympe. — Vie du Maréchal de Belle-Isle ; son testament. — L'Esprit du Maréchal de Belle-Isle.

492. Clément (Pierre). Lettres, instructions et mémoires de Colbert, publiées d'après les ordres de l'empereur. *Paris, Imp. Impériale,* 1861-1867 ; 4 vol. gr. in-8, demi-chag. bleu. 15 fr.

493. Cocheries. Les Parures primitives. *Paris, Jouvet,* 1894 ; in-4, br. 3 fr.

 Ouvrage illustré de 209 gravures d'après *Sellier.*

494. Commines. Les Mémoires de Philippe de Commines, seigneur d'Argenton contenant l'histoire des roys Louis XI et Charles VII depuis l'an 1464 jusques en 1498. Edition revue et augmentée par Denys Godefroy. *Paris, imprimerie royale,* 1649 ; in-fol. veau, dos orné 20 fr.

 Exemplaire réglé. — Reliure fatiguée.

495. Consalvi (Cardinal). Mémoires, avec une introduction et des notes par J. Crétineau-Joly. *Paris, Plon,* 1866 ; 2 vol. in-8, demi-rel. dos et coins de chagr. brun, tête dor., *non rognés.* 8 fr.

 2 planches en taille-douce et 8 fac-similés d'autographes.

496. Cooper (Fenimore). Illustrations d'Andriolli, gravées sur bois par J. Huyot. *Paris, Didot;* gr. in-8, demi-rel. dos et coins de chag. rouge, tête dor., *non rogné.* — Chaque 6 fr.

 Les Pionniers. — La Prairie. — Le Dernier des Mohicans.

497. Cooper (Fenimore). Illustrations d'Andriolli, gravées sur bois par J. Huyot. *Paris, Didot,* gr. in-8, br. — Chaque 4 fr.

 Les Pionniers. — La Prairie. — Le Dernier des Mohicans.

498. Cousin (Jean). L'art de dessiner, augmenté de plusieurs figures d'après l'antique. *Paris, Jean,* 1821 ; in-4 oblong, fig., br. 4 fr.

499. Cousin (Charles). Racontars illustrés d'un vieux collectionneur. *Paris, libr. de l'art,* 1887 ; gr. in-4, br. 55 fr.

 Très belle publication, imprimée sur PAPIER DU JAPON, ornée de 50 planches hors texte, eaux-fortes, chromolithographies, etc., et de nombreux fac-similés d'autographes d'Octave Feuillet, duc d'Aumale, Camille Doucet, Coppée, etc.

500. Coyer (l'abbé). Bagatelles morales et dissertations, par M. l'abbé Coyer, avec le testament littéraire de l'abbé Desfontaines. Nouvelle édition, augmentée. *Londres,* 1759 ; in-12, veau marb. 4 fr.

501. Cussac (J.). Aviceptologie française, ou traité général de toutes les ruses dont on peut se servir pour prendre les oiseaux. Neuvième édition. *Paris Corbet,* 1822 ; in-8, br. 3 fr.

 Nombreuses planches gravées en taille-douce.

502. Cuvillier-Morel-d'Arcy. Histoire généalogique et héraldique de la Maison des Tyrel. Sires, puis princes de Poix et des familles de Moyencourt et de Poix. (En Picardie, en Berry, en Poitou et en Touraine) depuis l'an 1030 jusqu'en 1869. *Paris ;* in-8 de 392 pp., br. 5 fr.

 Nombreux blasons des familles citées, insérées dans le texte.

Achat de Bibliothèques

503. **DANTE** Aligheri fiorentino. (Au milieu de l'avant dernier f. :) Finita e lopa dellinclyto et divo Dàthe Alleghieri poeta fiorëtino revista et emëdata diligëtemëte p el reverëdo maestro Piero da Figino maestro i theologia et excellëte pdicatore del ordïe de minori et ha posto molte cose i diversi luoghi che ha trovato màcare si i lo texto cõe nella giosa. *Impressa in Venetia per Matheo de Chodecha da Parma* Del mccccxxxxiii (1493) *adi* xxix *de novembre ;* in-fol., 300 ff. irrégulièrement ch. et 1 f. non ch., car. ronds, fig. sur bois, lettres ornées, veau fauve, orn. à froid. (*Rel. anc.*).　400 fr.

Très bonne et rare édition. Elle est ornée de trois grandes figures sur bois à pleine page, de 97 vignettes également sur bois, et de bordures au trait, exécutées d'après les dessins de *Mantega*.
Exemplaire d'une belle conservation intérieure.

504. **Daudet** (Alphonse). Tartarin sur les Alpes. Nouveaux exploits du héros tarasconnais. *Paris, Calmann-Lévy,* 1885 ; in-8, br.　4 fr.

Édition du *Figaro*, illustrée d'aquarelles par Aranda, de Beaumont, Montenard, de Myrbach, Rossi et de nombreuses illustrations dans le texte gravées sous la direction de Guillaume frères.

505. **Delaborde** (Henri). La Gravure en Italie avant Marc-Antoine (1452-1505). *Paris, Rouam,* 1883 ; gr. in-4, fig., br.　8 fr.

De la *Bibliothèque internationale de l'art*, publiée sous la direction de M. Eug. Müntz.

506. **Delavigne** (Casimir). Œuvres. Nouvelle édition. *Paris, Furne,* 1833-1835 ; 5 vol. in-8, portr. et fig., demi-rel. veau fauve, fil. 15 fr.

Messéniennes et poésies diverses. 1 vol. — Théâtre. 4 vol.
Jolies figures de *A. Johannot.*

507. **Delille** (Jacques). Œuvres complètes. Nouvelle édition. *Paris, Michaud,* 1824 ; 16 vol. gr. in-8, papier vélin, cart., *non rognés* 30 fr.

Cette belle édition, la première qu'on ait donnée des œuvres complètes de ce poète, est ornée de gravures d'après *Desenne, Devéria, Gérard, Girodet, Moreau, Westall,* etc. Portrait de Delille gravé par *Potrelle* et fac-simile d'une lettre de l'auteur.

508. **Dentelles**. Livres à dentelles et dessins d'ornements reproduits et publiés par Amand-Durand sous la direction d'E. Bocher ; in-4, *en feuilles*, dans un carton.　15 fr.

Recueil de 20 planches en deux états sur blanc et sur papier de soie, contenant 70 sujets d'ornement.

509. **Deshoulières**. Œuvres de Mme et de Mlle Deshoulières. Nouvelle édition augmentée de leur éloge historique. *Paris, Durand,* 1747 ; 2 vol. pet. in-12, portr., veau.　5 fr.

510. **Des Periers** (Bonaventure). Cymbalum mundi, ou dialogues satyriques sur différents sujets. Avec une lettre critique dans laquelle on fait l'histoire, l'analyse et l'apologie de cet ouvrage. Par Fr. Marchand. *Amsterdam,* 1753 ; in-12, veau. 5 fr.

Front. allégorique par *B. Picard.*

511. **Deutsches** Künstler-Album, Mit Beitragen lebender Künstler und Dichter. *Dusseldorf, Breidenbach,* 1870-1874 ; 3 vol. in-4, br. (couv.) et cart. toile, tr. dor. 10 fr.

Recueil de poésies et de nouvelles allemandes illustré de belles chromolithographies et de lithographies.
Tomes III, VI et VII seuls.

512. **Dezobry** (Ch.). Rome au siècle d'Auguste, ou voyage d'un Gaulois à Rome, à l'époque du règne d'Auguste et pendant une partie du règne de Thibère. *Paris, Dezobry,* 1846 ; 4 vol. in-8, br.　10 fr.

Papier vergé.

513. **Dictionnaire** de l'ancien Régime et des abus féodaux, ou les hommes et les choses des neuf derniers siècles de la monarchie française, par M. Paul D*** de P***. *Paris, P. Mongie,* 1820 ; in-8, br.　4 fr.

Ouvrage dirigé contre la féodalité.

514. **Dictionnaire** théorique et pratique de Chasse et de Pesche (par Delisle de Sales). *Paris, Musier,* 1769 ; 2 vol. in-12, bas.　6 fr.

515. **Dissertation** sur les Cornes antiques et modernes, ouvrage philosophique dédié à MM. les sçavans, antiquaires, gens de lettres, pëtes, avocats, censeurs, bibliothécaires, imprimeurs, libraires, etc. *Paris,* 1786 ; in-8, cart., *non rogné.*　6 fr.

Ouvrage rare attribué à Fr. Vielh de Boisjolin.

Et de Livres anciens et modernes

516. Dominique de Ste Catherine. Le Grand Pecheur converty, representé dans les deux estats de la vie de M. de Queriolet, prestre. Seconde édition. *Paris, Florentin Lambert*, 1665 ; in-12, vélin. 4 fr.

517. Donovan (E.). Natural history of the insects of China, containing upwargs of two Lundred and Twenty, figures and descriptions. *London, H. Bohn*, 1842 ; in-4, cart. toile. 15 fr.

Description des insectes de la Chine. 50 planches gravées.

518. Donovan. Natural history of the insects of India containing upwards of two hundred and Twenty, figures and descriptions. *London, H. Bohn*, 1842 ; in-4, cart. toile. 15 fr.

Descriptions des insectes des Indes. 58 planches gravées.

519. Ducis. Œuvres de J.-F. Ducis. *Paris, Nepveu*, 1819-1826 ; 4 vol. in-8, demi-rel. chagr. brun. 15 fr.

Portrait d'après *Gérard* et figures de *Girodet* et de *Desenne*.

520. Dulaure. Histoire de Paris et de ses monuments. Nouvelle édition refondue et complétée jusqu'à nos jours, par L. Batissier. *Paris, Furne*, 1854 ; gr. in-8, demi-chag. rouge, dos orné. 8 fr.

Illustré de plus de 50 grav. sur acier. Piqûres.

521. Dulaure (J.-A.). Histoire critique de la Noblesse. *Paris, Guillot*, 1760 ; in-8, demi-rel. veau. 5 fr.

522. Dulorens. Satires de Dulorens, édition de 1646 contenant vingt-six satires publiées par D. Jouaust et précédée d'une notice littéraire par E. Villemin. *Paris, Jouaust*, 1869 ; in-16, portr., br. 4 fr.

De la collection du « Cabinet du Bibliophile ».

523. Dumont (J.-B.). Les Grands Travaux du Siècle. Ouvrage illustré de 256 gravures. *Paris, Hachette*, 1891 ; in-4, br. 5 fr.

524. Durand Histoire du seizième siècle. *La Haye, de Rogissart*, 1734 ; 4 vol. in-12, vélin blanc à recouv. 12 fr.

525. Edmond (Charles). Voyage dans les mers du Nord à bord de la corvette de la Reine Hortense. *Paris, Michel Lévy*, 1863 ; gr. in-8, br. 4 fr.

526. Erasme. L'Éloge de la Folie, traduit du latin d'Erasme par M. Gueudeville. Nouvelle édition revue et corrigée. *S. l. (Paris)*, 1767 ; in-12, veau. 5 fr.

Frontispice et 13 jolies figures d'*Eisen*.

527. Erasme. L'Éloge de la Folie, traduction nouvelle du latin d'Erasme par M. Barett. *Paris, Defer de Maisonneuve*, 1789; in-8, br. 5 fr.

12 figures en taille-douce par *Eisen*.

528. Esope. Fabulæ Æsopicæ, à Gabriele Faerno Festo Aviano, et Michaele Gabria versibus latinis reddita. *Lipsiæ, typis Henningi Grossii*, 1618 ; in-12, vélin, fermoir. 8 fr.

Figures sur bois. — Rousseurs.

529. Esope. Franc. Josephi Desbillons S. J. Fabulæ Aesopiae ; curis posterioribus, omnes fere, emmendatæ ; accesserunt plus quam clxx novæ : tum etiam obvervationes, grammaticæ præsertim, complures, et index copissus. *Mannhemii, typis academicis*, 1768 ; 2 vol. in-8, demi-rel. dos et coins de chagr. brun, tête dor., *non rognés*. 8 fr.

Belles figurs en taille-douce gravées par *Gilles Verhelst*.

530. Espion (L') dans les Cours des princes chrétiens, ou lettres et mémoires d'un envoyé secret de la Porte dans les Cours de l'Europe. (Par Jean-Paul Marana). *Cologne, Erasme Kinkius*, 1700; 6 vol. in-12, veau. 12 fr.

Figures en taille-douce.
Voyez, sur cet ouvrage, Barbier, Ouvrages anonymes, II, 176.

531. Essai sur l'Éducation de la Noblesse, par M. le chevalier de ** (Brucourt). *Paris, Durand*, 1748 ; 2 vol. in-12, bas. 5 fr.

Frontispice, vignette de titre et en-tête par *Pierre* gravés par *Et. Fessard*.

532. Essai sur les erreurs et les superstitions, par M. L. C. (J. L. Castillon). *Amsterdam, Arkstée*, 1765; in-12, vél. blanc à recouv. 5 fr.

533. État de la France, par M. le Comte de Boulainvilliers. *Londres, T. Wood et S. Palmer*, 1737; 6 vol. in-12, bas. 15 fr.

Achat de Bibliothèques

534. **État** (De l') de la France à la fin de l'an VIII. (Par Alex.-Maurice Blanc d'Hauterive). *Paris, Henrichs, an IX* (1800); in-8, bas. 3 fr.

D'après Joseph de Maistre la plus grande partie de cet ouvrage serait due à Talleyrand.

535. **Eudel** (Paul). Les Ombres chinoises de mon père. *Paris, Rouveyre,* 1885 ; in-4, br. 10 fr.

Un des 25 exemplaires sur PAPIER WHATMAN, orné de nombreuses figures d'ombres chinoises dans le texte.

536. **Évérard** (Étienne). Méthode pour liquider les mariages avenans des filles dans la coutume générale de Normandie et dans la coutume particulière de Caux. *Rouen,* 1734 ; in-12, veau. 4 fr.

Ouvrage très curieux.

537. **Fabre d'Églantine**. Œuvres mêlées et posthumes de Ph. Fr. Naz. Fabre d'Eglantine. *Paris, Vve Fabre d'Eglantine, an XI* (1803) ; 2 tomes en un vol. in-8, portr., bas., dos orné. 5 fr.

538. **Faidherbe** (Général). Le Sénégal. La France dans l'Afrique occidentale. *Paris, Hachette,* 1889 ; in-8, br. 4 fr.

21 gravures et 5 cartes ou plans.

539. **Faramond**, ou l'histoire de France. Reveue et corrigée de toutes les fautes qui se sont glissées dans l'impression précédente. *Jouxte la copie imprimée à Paris, chez Ant. de Sommaville (Amsterdam, Blaeu),* 1664-1670 ; 12 vol. in-12, front. 25 fr.

Les 7 premiers volumes ont été rédigés par de La Calprenède, et les 5 derniers par de Vaumorière.

540. **Favart**. Œuvres choisies. *Paris, P. Didot l'aîné et Firmin Didot,* 1812-1813 ; 3 vol. in-12, br. 4 fr.

Édition stéréotype tirée sur grand PAPIER VÉLIN.

541. **Fénelon**. Les Aventures de Télémaque, fils d'Ulysse. *Paris, Dentu,* 1808 ; 4 vol. pet. in-12, veau marb., dos orné (*Meslan*). 25 fr.

35 figures par *Quéverdo* et portrait gravé par *Gaucher*.

542. **Ferrari** (J.). Histoire des Révolutions d'Italie, ou Guelfes et Gibelins. *Paris, Didier,* 1858; 4 vol. in-8, demi-rel. chagrin rouge. 10 fr.

543. **Fertiault** (F.). Histoire anecdotique et pittoresque de la Danse chez les peuples anciens et modernes. *Paris, Aubry,* 1854 ; in-16, br., couv. 3 fr.

544. **Fétis** (F.-J.). Biographie universelle des musiciens et bibliographie générale de la musique. *Bruxelles, Méline,* 1837-1844; 8 tomes en 9 vol. in-8, br., couv. 40 fr.

Première édition de cet important ouvrage. Exemplaire de la plus grande fraicheur.

545. **Fétis** (F.-J.). Histoire générale de la musique depuis les temps les reculés jusqu'à nos jours. *Paris, Didot,* 1869-1876 ; 5 vol. in-8, br., couv. 35 fr.

Ouvrage fort intéressant qui malheureusement fut interrompu par la mort de l'auteur ; il devait avoir huit volumes, mais à la fin du tome V, M. Fétis fils annonce que l'ouvrage s'arrêtera là, son père n'ayant laissé que des matériaux incomplets pour l'achèvement de l'ouvrage.

546. **Fétis** (Édouard). Galerie du Vte du Bus de Gisignies. Texte descriptif et annotations par Edouard Fétis. *Bruxelles, F.-J. Olivier,* 1878 ; in-4, cart., *non rogné.* 15 fr.

Nombreuses reproductions photographiques.

547. **Flamand-Grétry**. Itinéraire historique, géographique, topographique, statistique, pittoresque et biographique de la vallée de Montmorency, à partir de la porte Saint-Denis à Pontoise inclusivement. *Paris,* 1835-1840; 2 vol. in-8, br. 15 fr.

Portraits et figures. Ouvrage renfermant la description topographique et historique des communes de la Chapelle, de Montmartre, de Clichy-la-Garenne, de Batignolles-Monceaux, de Clignancourt, de la plaine de S.-Denis, de S.-Ouen, d'Aubervilliers, de S.-Denis, etc.

548. **Fourneau** (Nicolas). L'Art du trait de Charpentier. *Rouen, Dumesnil,* 1767-1770 ; 3 part. en 1 vol. in-fol., demi-rel. veau fauve. 30 fr.

95 planches gravées sur cuivre montées sur feuillets.

549. **Français** (les) peints par eux-mêmes. Types et portraits humoristiques à la plume et au crayon. Mœurs contemporaines par H. de Balzac, L. Gozlan. Achard, J. Janin, Soulié, Karr, etc. *Paris, Philippart,*

s. d. ; 4 tomes en 2 vol. in-4, demi-rel. chagrin brun. **18 fr.**

Nouvelle édition de cet ouvrage humoristique, illustrée des bois de *Meissonier, Daubigny, Grandville, Gavarni, Daumier, Charlet, T. Johannot,* etc.

550. Froissart. Chroniques de Sire Jean Froissart, qui traitent des merveilleuses entreprises, nobles, aventures et faits d'armes..... avec notes, éclaircissements et glossaires par J.-A.-C. Buchon. *Paris, Wattelier,* 1867 ; 3 vol. gr. in-8, br. **10 fr.**

551. Froissart. Les Chroniques de Froissart, édition abrégée avec texte rapproché du français moderne par Mme de Witt, née Guizot. *Paris, Hachette,* 1881 ; in-4, demi - rel. veau brun. **25 fr.**

Ouvrage illustré de 11 chromolithographies, 12 lettres et titres imprimés en couleur, 2 cartes, 33 grandes compositions tirées en noir et 252 gravures d'après les monuments et les manuscrits de l'époque.

552. Furetière. Essais d'un Dictionnaire universel contenant généralement tous les mots français tant vieux que modernes. *Amsterdam, H. Desbordes,* 1685. — Factum pour messire Antoine Furetière, abbé de Chalivoy, contre quelques-uns de l'Académie française. *Amsterdam, H. Desbordes,* 1685 ; ens. en un vol. pet. in-12, veau. **5 fr.**

553. Furstenberg (Ferd. de). Monumenta Paderbonensia, ex historia romana, francisca, saxonica cruta, novis inscriptionibus, figuris tabulis geographicis, ac notis posthumis, Ferdinandi principis, episcopi Paderbornensis . Editio quarta. *Lemgoviæ, typis Meyeri,* 1714 ; in-4, veau, dos orné. **10 fr.**

Frontispices par *Visscher,* 28 planches dessinées par *Rudolphi* et gravées par *R. de Hooghe* et trois cartes, vues, monuments de l'évêché de Paderborn, état de l'empire d'Allemagne.

554. Gaimard (Paul). Voyages en Scandinavie, en Laponie, au Spitzberg et aux Feroé, publiés par ordre du roi. *Paris, Arthus Bertrand ;* 2 vol. in-fol., demi-rel. chagrin rouge, *non rognés.* **120 fr.**

310 planches.

555. Galerie de Dresde. Recueil d'estampes, d'après les plus célèbres tableaux de la Galerie royale de Dresde, avec une inscription en italien et en français. *Dresde,* 1753-1757 ; 2 parties en 2 vol. gr. in-fol., cart. **200 fr.**

Recueil contenant 101 pièces dont le portrait en pied d'Auguste III, roi de Pologne et électeur de Saxe, gravé par *Balechou* d'après *H. Rigaud.* Belles épreuves.

556. Galerie (La) électorale de Dusseldorff ou catalogue raisonné et figuré de ses tableaux, par Nicolas de Pigage. Estampes du catalogue raisonné et figuré des tableaux de la galerie électorale de Dusseldof. *Bâle, Chrétien de Mechel,* 1778 ; 2 vol. pet. in-fol. obl., cart., non rogné et demi-rel. mar. rouge. **60 fr.**

30 belles planches par *Chrétien de Mechel* donnant le plan, la vue et la reproduction gravée de tous les tableaux de cette célèbre galerie.

557. Galerie de Florence dessinée par le professeur Gozzini et gravée par le chevalier P. Lasinio. *Florence, s. d. ;* 2 vol. in-4, demi-rel. mar. rouge, *non rognés.* **30 fr.**

Séries III, IV et V seules. Figures au trait.

558. Galerie de Rubens, dite du Luxembourg, ouvrage composé de 25 estampes, avec l'explication historique et allégorique de chaque sujet. *Paris, Le Roi,* 1846 ; in-fol., demi-rel. chagrin vert, éb. **30 fr.**

559. Gard. Mémoires de l'Académie du Gard. Années de 1851 à 1857. *Nîmes,* 1851-1857 ; 4 vol. in-8, demi-rel. veau. **8 fr.**

560. Garnier (Ch.) et **Ammann.** L'Habitation humaine. *Paris, Hachette,* 1892 ; in-4, br. **8 fr.**

335 vignettes et 24 cartes insérées dans le texte.

561. Gavard. Galeries historiques du palais de Versailles. *Paris, Gavard,* 1845 ; 8 vol. gr. in-8, cart. toile, éb. **40 fr.**

Nombreuses figures sur acier.

562. Gavarni. Masques et Visages, notice par Sainte - Beuve. *Paris, Calmann Lévy,* s. d. ; in-fol., fig., perc. **10 fr.**

563. Gérard (Jules). La Chasse au lion, ornée de gravures dessinées par Gustave Doré et d'un portrait par Jules Gérard. *Paris, Libr. nouvelle,* 1855 ; in-18, br. **4 fr.**

Rare. Exemplaire fatigué.

Achat de Bibliothèques

564. **Gervais** (Paul). Histoire naturelle des Mammifères. *Paris, L.
Curmer*, 1855; pet. in-4, br. 12 fr.

Planches en couleur, figures et vignettes
sur bois.

565. **Gheusi** (P.-B.). L'Ame de
Jeanne d'Arc. Roman épisodique
de la Guerre de Cent Ans. Illustrations de Paul Steck, avec des croquis de Charles Willems et 85 gravures sur bois. *Paris, Firmin Didot*,
1895 ; in-4, couv. illust. 6 fr.

566. **Gheusi** (P.-B.) et Paul **La-
vigne**. Gaucher Myrian. Vie aven-
tureuse d'un escholier féodal. Sa-
lamanque. Toulouse et Paris au
XIIIᵉ siècle. Préface par G. Com-
payré. Ouvrage illustré de 43 dessins inédits par A. de Parys et de
57 gravures sur bois. *Paris, Firmin Didot*, 1893 ; in-4, br., couv.
illustrée. 5 fr.

567. **Gilpin** (William). Voyages en
différentes parties de l'Angleterre,
particulièrement dans les montagnes
de Weatmoreland, par William
Gilpin. Ouvrage traduit de l'anglais
par M. Guédon de Berchère. *Paris,
Defer de Maisonneuve*, 1789 ; 2 vol.
in-8, bas. 4 fr.

Nombreuses figures sur cuivre.

568. **Gœthe**. Werther. Traduit par
Sevelinges. *Paris, Demonville*, 1804.
— Mémoires, traduit par Aubert
de Vitry. *Paris*, 1823 ; 2 vol., portr.
— Œuvres dramatiques, traduites
de l'allemand (par Stapfer, Cava-
gnac et Marguere). *Paris*, 1825 ;
4 vol. Ens. 7 vol. in-8, cart., *non
rognés*. 15 fr.

569. **Goëthe**. Les Souffrances du
Jeune Werther, par Goëthe, traduites par le comte H. de la B...
(Henri de la Bédoyère). Seconde
édition. *Paris, imprimerie de Cra-
pelet*, 1845 ; in-8, br., couv. 10 fr.

PAPIER VERGÉ DE HOLLANDE, 4 figures
de *Tony Johannot*, gravées sur acier par
Burdet.

570. **Goëthe**. Le Renard (Reineke
Fuchs), traduit par Édouard Gre-
nier, illustré par Kaulbach. *Paris,
J. Hetzel, Michel Lévy* (1861) ;
in-4, br., couv. 10 fr.

571. **Goiffon** et **Vincent**. Mémoire
artificielle des principes relatifs à
la fidelle représentation des animaux tant en peinture qu'en sculpture. Ouvrage intéressant pour les
personnes qui se destinent à mon-
ter à cheval. *Alfort*, 1779 ; 2 part.
en 1 vol. in-fol., demi-veau. 25 fr.

23 planches.

572. **Goncourt** (E. et J. de). L'a-
mour au XVIIIᵉ siècle. *Paris,
Dentu*, 1875 ; in-12, demi-rel. dos
et coins de mar. rouge, tête dor.,
non rogné, couv. cons. 15 fr.

Frontispice gravé par *Boilvin*. PRE-
MIÈRE ÉDITION avec le texte encadré d'a-
près les compositions de *Méaulle*.

573. **Gonse** (Louis). L'art ancien à
l'Exposition de 1878. *Paris, Quantin*, 1879 ; in-4, demi-rel. dos et
coins de mar. violet, dos orné,
tête dor., *non rogné*. 15 fr.

Belles eaux-fortes et figures sur bois.

574. **Gourdon de Genouillac**.
Paris à travers les siècles, histoire
nationale de Paris et des Parisiens
depuis la fondation de Lutèce jusqu'à nos jours. Ouvrage rédigé sur
un plan nouveau et approuvé par
Henri Martin, de l'Académie française. *Paris, Roy*, 1879-1882 ; 5 vol.
in-4, br. 20 fr.

Ouvrage illustré de nombreuses gravures sur bois, 60 figures hors texte. Carte.

575. **Grévin** (A.). Les Filles d'Ève.
Album in-4 oblong, cart. toile. 10 fr.

21 planches humoristiques coloriées.

576. **Grifin** (Lepel H.). The Panjab
Chiefs. Historical and biographical
notices of the principal families in
the territories under the panjab
governament. *La Hore*, 1865 ; gr.
in-8, cart. 8 fr.

577. **Grigri**. Histoire véritable. (Par
L. de Cahusac). Dernière édition,
moins correcte que les premières.
Amsterdam, 1774 ; in-12, bas. 6 fr.

578. **Guéranger** (Dom). Sainte Cé-
cile et la société romaine aux deux
premiers siècles. *Paris, Firmin
Didot*, 1874 ; in-4, br. 25 fr.

L'un des 200 exemplaires tirés sur PA-
PIER VÉLIN A LA FORME, illustré de 2 chromolithographies, de 5 planches en taille-
douce et de 250 gravures sur bois.

579. **Guerre d'Orient**. Siège de
Sébastopol. Historique du service
de l'artillerie (1854-1856), publié
par ordre de Son Excellence, le

Ministre de la guerre. *Paris, Berger-Levrault*, 1859 ; 2 vol. in-4 et atlas in-4 oblong, cart., *non rognés.* 25 fr.

L'atlas renferme 147 plans ou cartes des opérations du siège.

580. **Guettée** (l'abbé). Histoire de l'Eglise de France, composée sur les documents originaux et authentiques *Paris, Renouard*, 1856 ; 12 vol. in-8, br. 10 fr.

581. **Hatin**. Histoire politique et littéraire de la Presse en France, par Eugène Hatin. *Paris, Poulet-Malassis et de Broise*, 1859-1861 ; 8 vol. in-8, cart. toile, *non rognés*. 30 fr.

582. **Haucour** (Louis d'). L'Hôtel de Ville de Paris à travers les siècles. *Paris, V. Giard, et E. Brière*, 1900 ; gr. in-4, br. 10 fr.

Nombreuses illustrations.

583. **Haudicquer de Blancourt**. De l'Art de la Verrerie, où l'on apprend à faire le verre, le cristal et l'émail. La Méthode de peindre sur verre et en émail. De tirer les couleurs des métaux. Par M. Haudicquer de Blancourt. *Paris, J. Jombert*, 1697 ; in-12, veau brun. 6 fr.

584. **Havard** (Henry). La peinture décorative au XIXe siècle. L'Œuvre de P.-V. Galland. *Paris, May et Motteroz*, 1895 ; in-4, br., couv. ornementée. 20 fr.

Nombreuses illustrations dans le texte, portrait de Galland et 12 planches hors texte.

585. **Hermant** (Jean). Histoire de l'établissement des ordres religieux et des congrégations régulières et séculières de l'église... *Rouen, J.-B. Besongne*, 1697 ; in-12, vélin blanc à recouv. 5 fr.

586. **Hermite** (L') de la Chaussée-d'Antin (par Jouy), ou observations sur les mœurs et les usages français au commencement du XIXe siècle. *Paris, Pillet*, 1815-1816 ; 5 vol. in-12, br., couv. 15 fr.

Ouvrage extrêmement intéressant, orné de 5 frontispices et de 2 figures d'après Desenne.

587. **Histoire** des anabaptistes, contenant : leur doctrine, les diverses opinions qui les divisent en plusieurs sectes, les troubles qu'ils ont causés (par le P. Castrou). *Amsterdam, J. Desbordes*, 1702 ; in-12, vélin blanc à recouv. 6 fr.

Front. et figures gravés.

588. **Histoire** de Mademoiselle Cronel, dite Fretillon, actrice de la comédie de Rouen, écrite par elle-même. *Londres (Paris)*, 1782 ; 2 vol. pet. in-12, chagr. brun (*Rel. anc.*). 15 fr.

Cette violente satire de la vie de la célèbre Clairon, a été écrite par Gaillard de la Bataille, trésorier de France.

589. **Histoire** du démêlé de Henri II avec Thomas Becket, archevêque de Cantorbéry, précédée d'un discours sur la jurisdiction des princes et des magistrats séculiers sur les personnes ecclésiastiques (par l'abbé Etienne Mignot). *Amsterdam, Arkstée*, 1756 ; in-12, vélin blanc à recouv. 5 fr.

590. **Histoire** des plus illustres favoris anciens et modernes. Recueillie par feu Monsieur P. D. P. (Pierre Du Puy), avec un journal de ce qui s'est passé à la mort du mareschal d'Ancre. *Leyde, J. Elzevier*, 1660 ; in-12, vélin blanc à recouv. 6 fr.

591. **Histoire secrete** de la Cour de Berlin, ou correspondance d'un voyageur françois depuis le mois de juillet 1786 jusqu'au 19 janvier 1787. Ouvrage posthume (Par le comte de Mirabeau). *S. l. (Alençon, Malassis le jeune)*, 1789 ; 2 vol., in-8, bas. 6 fr.

Edition originale.

592. **Histoire** de Trancrède de Rohan, avec quelques autres pièces concernant l'histoire de France et l'histoire romaine (par le P. Henri Griffet). *Liège, Bassompierre*, 1767 ; in-12, veau. 4 fr.

593. **Histoire des Vestales** et de leur culte d'après Plutarque, Tacite, Suétone, etc. Traduit de l'italien par B. Cartour. *Paris, Le Fuel*, 1825 ; in-16, br. 3 fr.

Figures de *Devéria*.

594. **Hugo** (A.). France pittoresque, ou description pittoresque, topographique et statistique des départements de la France... *Paris, Delloye*, 1835 ; 3 vol. in-4, demi-veau brun,

dos orn., tr. marb. (*Rel. de l'épo-que*). 20 fr.

Ouvrage illustré d'un grand nombre de vues, de cartes et de portraits.

595. **Hugo** (Victor). L'Année terrible. Illustrations de Léopold Flameng. *Paris, Michel Lévy*, 1873 ; in 8, br. (couv. ill.). 8 fr.

596. **Hugo** (Victor). Napoléon le Petit. *Paris, Eug. Huyues*, 1879 ; pet. in-4, br., couv. 4 fr.

Edition illustrée par *J.-P. Laurens, E. Bayard, E. Morin, D. Vierge, Lix, Chifflart, Garcia, Scott, Brun* et *G. Bellenger*. PREMIER TIRAGE.

597. **Hugo** (Victor). Les Orientales. Septième édition. *Paris, Ch. Gosselin*, 1829 ; in-12, br. 4 fr.

Frontispice sur Chine.

598. **Imbert de Saint-Amand**. La Cour de Charles X. *Paris, Dentu*, 1892 ; in-4, fig., br. 10 fr.

Belles illustrations.

599. **Instructions** de Saint Charles Borromée, cardinal du titre de Sainte Praxede, archevesque de Milan, aux confesseurs de sa ville et de son diocèse. *Paris, Louis Josse*, 1702 ; in-12, vélin blanc à recouv. 4 fr.

600. **Jacquemont** (Victor). Correspondance avec sa famille et plusieurs de ses amis pendant son voyage dans l'Inde (1828-1832). *Paris, Fournier*, 1833 ; 2 vol. in-8, demi-rel. veau fauve. 4 fr.

601. **Joinville**. Histoire de Saint Louis, par Jehan, sire de Joinville. Les Annales de son règne, par Guillaume de Nangis. Sa vie et ses miracles, par le confesseur de la reine Marguerite. *Paris, Imprimerie Royale*, 1761 ; in-fol. veau. 30 fr.

Fleuron par *Gravelot*, gravé par *Lemire*, 8 vignettes par *Eisin* (sic), et *Gravelot*, 3 culs-de-lampe par *Gravelot* gravés par *Lemire* et *Sornique*.

602. **Keate** (George). Relation des iles Pelew situées dans la partie occidentale de l'Océan pacifique, composée sur les journaux et les communications du capitaine Henri Wilson et de quelques-uns de ses officiers. *Paris, Le Jay*, 1788 ; 2 vol. in-8, veau fauve (*Rel. anc.*) 6 fr.

Portrait, planches et cartes, gravés en taille-douce.

Les iles Pelew ou Palaos sont situées dans l'Océan pacifique entre les Philippines et les Carolines.

603. **Kurth** (Godefroid). Clovis. *Tours, Mame et fils*, 1896 ; in-4, fig., br. 14 fr.

Illustrations hors texte par *Rochegrosse, Maignan, Flameng, Luminais, Cormon*, etc., et nombreuses vignettes dans le texte.

604. **Labarte**. Histoire des Arts industriels au moyen âge et à l'époque de la Renaissance, par Jules Labarte. Deuxième édition. *Paris, Ve Morel*, 1872-1875 ; 3 vol. in-4, fig., br. 125 fr.

605. **La Bruyère**. Le Premier texte de La Bruyère, publié par D. Jouaust. *Paris, Jouaust*, 1868 ; in-16, br. 3 fr.

PAPIER VERGÉ.

606. **La Caille** (L'Abbé de). Journal historique du Voyage fait au Cap de Bonne-Espérance. *Paris, Guillyn*, 1763 ; in-12, carte, veau. 7 fr.

607. **La Fontaine**. Les Amours de Psiché et de Cupidon. Edition nouvelle, plus correcte que la précédente. *La Haye, Adrien Moetjens*, 1707 ; in-12, front., veau. 4 fr.

608. **La Fontaine**. Psyché, publié par D. Jouaust. Compositions d'Emile Lévy, gravées à l'eau-forte par Boutelié, dessins de Giacomelli gravés sur bois par Sargent. *Paris, libr. des Bibliophiles*, 1880 ; in-16, br., couv. 10 fr.

Texte encadré d'un filet rouge.

609. **La Fontaine**. Contes, publiés par D. Jouaust, avec une préface de Paul Lacroix. Dessins d'Ed. de Beaumont, gravés à l'eau-forte par Boilvin. *Paris, libr. des Bibliophiles*, 1885 ; 2 vol. in-12, br. 10 fr.

610. **La Fontaine**. Les Œuvres postumes (sic) de Monsieur de La Fontaine. *Paris, Guill. de Luyne*, 1696 ; in-12, veau (*Rel. anc.*). 12 fr.

Ce volume, publié par Mme Ulrich, renferme le conte du *Quiproquo* en première édition.

611. **La Fontaine**. Œuvres, Théâtre, fables, poésies, etc. Nouvelle édition avec une introduction par M. Edouard Fournier. *Paris, Laplace*, 1877 ; gr. in-8, br. 5 fr.

Portrait et gravures en couleur d'après les dessins de *Emile Bayard, T. Johannot* et *J. David*.

Et de Livres anciens et modernes

612. **Laharpe** (Jean-François). Du Fanatisme dans la langue révolutionnaire ou de la persécution suscitée per les Barbares du XVIIIᵉ siècle, contre la religion chrétienne et ses ministres. *Paris, Migneret,* 1797 ; in-8, bas.   4 fr.

> On a relié à la suite : La Religion vengée, poème en dix chants (par le Cardinal de Bernis). Paris et Strasbourg, 1776, portr. sur le titre.

613. **Lainé**. Archives généalogiques et historiques de la noblesse de France, ou recueil de preuves, mémoires et notices généalogiques servant à constater l'origine, la filiation, les alliances et les illustrations religieuses, civiles et militaires de diverses maisons et familles nobles du royaume. *Paris,* 1828-1839 ; 6 vol. in-8, br.   50 fr.

> Armoiries gravées.

614. **La Pérouse** (Galoup de). Voyage autour du Monde (pendant les années 1785-1788), rédigé et publié par L.-A. Millet-Mureau. *Paris, impr. de la République,* 1797 ; 4 vol. in-4 et atlas gr. in-fol., demi-rel. dos et coins de mar. rouge, dos orné, tête dor., éb.   50 fr.

> L'atlas renferme 70 planches.

615. **La Rochefoucauld**. Maximes et réflexions morales. *Paris, impr. de P. Didot l'aîné,* 1796 ; in-4, cart., *non rogné.*   8 fr.

616. **La Rochefoucauld**. Le premier texte de la Rochefoucauld, publié par F. de Marescot. *Paris, Jouaust,* 1869 ; in-12, br.   4 fr.

> PAPIER VERGÉ.
> Collection du Cabinet du Bibliophile.

617. **La Sablière**. Madrigaux de Monsieur de la Sablière. Nouvelle édition. *Paris, Duchesne,* 1758 ; in-16, cart., *non rogné.*   3 fr.

> Texte dans un encadrement tiré en rouge.

618. **Lavallée** (J.). Voyage dans les départemens de la France. *Paris,* 1792-1794 ; 10 fasc. in-8, déreliés.   15 fr.

> Partie de cet ouvrage relative à la Normandie et à la Bretagne : (Seine-Inférieure. Calvados. Eure, Manche, Orne, Ille-et-Vilaine, Côtes-du-Nord. Finistère, Morbihan, Loire-Inférieure).
> Vues dessinées par *Louis Brion.*

619. **Lavardin**. Histoire de Georges Castriot, surnommé Scanderbeg, roi d'Albanie, contenant ses illustres faicts d'armes et mémorables victoires à l'encontre des Turcs. Recueillie, dressée et poursuivie jusques à la mort de Mahomet II, par Jacques de Lavardin, seigneur du Plessis Bourrot. *Saint-Gervais, Pierre de la Rovière,* 1604 ; pet. in-8, vélin à recouvrements.   4 fr.

> Taches.

620. **Lebeuf**. Histoire de la ville et de tout le diocèse de Paris... par M. l'abbé Lebeuf. *Paris, Prault,* 1754-58 ; 15 vol. in-12, veau. 90 fr.

> Ouvrage précieux pour l'histoire de Paris par l'exactitude des recherches et les détails curieux qu'il renferme. Rare à trouver complet. La reliure est fatiguée et offre quelques différences.

621. **Le Brun** (R. P. Pierre). Histoire critique des pratiques Superstitieuses, qui ont séduit les peuples et embarrassé les savans, avec la méthode et les principes pour discerner les effets naturels d'avec ceux qui ne le sont pas. *Paris, G. Desprez,* 1750-1751 ; 4 vol. in-12, front., veau.   15 fr.

622. **Le Clerc** (Sébastien). Traité de Géométrie théorique et pratique, à l'usage des artistes. *Paris, Jombert,* 1774 ; in-8, br.   15 fr.

> Ouvrage orné de 55 planches et 2 en-têtes dessinées par *Cochin.*

623. **Le Couteulx de Canteleu**. La Vénerie française, avec les types des races de chiens courants dessinés d'après nature par le Bᵒⁿ de Noirmont, G. Jadin et Penguilly. *Paris, Vᵛᵉ Bouchard-Huzard,* 1858 ; in-4, cuir de Russie, fil. à froid, *non rogné.*   30 fr.

> 14 planches, donnant différentes races de chiens courants.

624. **Le Faure** (Georges). Les Aventures de Sidi-Froussard : Hai-Dzuong, Hanoï, Sontay, Bac-Ninh, Hong-Hoa. Ouvrage orné de 175 dessins inédits par F. Fau et L. Vallet, et accompagné de 8 cartes ou plans. *Paris, Firmin Didot,* 1891 ; in-4, couv. ill., br.   5 fr.

625. **Le Grand**. Traité des Restitutions en entier sur l'article 139 de la Coustume de Troyes. Par

M. Louis le Grand, conseiller au bailliage et présidial de Troyes. *A Troyes, chez Claude Febvre,* 1655 ; in-8, vélin.   8 fr.

626. **Lemaistre** (Alexis). Potaches et bachots. Ouvrage illustré de 40 gravures hors texte. *Paris, Firmin-Didot,* 1893 ; gr. in-8, br., couv. illust.   5 fr.

627. **Le Maout** (Emm.). Botanique. Organographie et taxonomie. Histoire naturelle des familles végétales et des principales espèces suivant la classification de M. Adrien de Jussieu. *Paris, L. Curmer,* 1853 ; in-4, couv., débroché. 12 fr.
Figures et vignettes sur bois. — Planches en couleur.

628. **Le Maout** (Emm.). Histoire naturelle des Oiseaux, suivant la classification de M. Isidore Geoffroy-Saint-Hilaire. *Paris, L. Curmer,* 1853 ; in-4, br.   12 fr.
EDITION ORIGINALE. Planches en couleur, figures et vignettes sur bois.

629. **Le Mascrier.** Description de l'Egypte, contenant plusieurs remarques curieuses sur la géographie ancienne et moderne de ce païs, sur ses monumens anciens, sur les mœurs, les coutumes et la religion des habitans, sur le gouvernement et le commerce, sur les animaux, les arbres, les plantes, etc..., composée sur les Mémoires de M. Maillet, ancien consul de France au Caire. *Paris,* 1735 ; in-4, veau, dos orn. (*Rel. anc.*).   8 fr.
Orné d'un beau portrait de Benoît de Maillet, une carte et plusieurs planches, vues de monuments, figures de momies, animaux, etc.

630. **Lenfant.** Mémoires ou Correspondance secrète du Père Lenfant, confesseur du Roi, pendant les années 1790, 1791 et 1792 (avec une notice par M. P. Lacroix). *Bruxelles, Méline,* 1834 ; 2 vol. in-8, br.   5 fr.

631. **Lenglet du Fresnoy.** L'Histoire justifiée contre les Romans. *Amsterdam, aux dépens de la Compagnie,* 1735 ; in-12, veau fauve, dos orné, tr. rouge (*Rel. anc.*). 5 fr.

632. **Le Noble** (Alexandre). Histoire du Sacre et du Couronnement des Rois et Reines de France. *Paris,* 1825 ; in-8, front., br.   6 fr.

633. **Le Sage.** Histoire d'Estevanille Gonzalez, surnommé le Garçon de bonne humeur. *Paris, Musier,* 1765 ; 4 parties en 2 vol. in-12, veau.   5 fr.
Cet ouvrage est une imitation en français du roman original écrit en espagnol et attribué à Vincent Espinel.
Bel exemplaire.

634. **Lespinasse** (Mlle de). Lettres écrites depuis l'année 1773 jusqu'à l'année 1776 ; suivies de deux chapitres dans le genre du Voyage Sentimental, de Stern. *Paris, Collin,* 1809 ; 2 vol. in-8, bas.   5 fr.

635. **Leroy** (Louis). Les Pensionnaires du Louvre. Dessins de Paul Renouard. *Paris, Rouam,* 1880 ; in-4, br.   4 fr.

636. **Lettres** parisiennes sur le désir d'être heureux (par l'abbé Jacquin). *Amsterdam,* 1761 ; 2 parties en un vol. in-12, demi-rel. bas.   3 fr.

637. **Ligne** (Le Prince de). Œuvres choisies. Avec une notice par M. de Lescure. *Paris, Libr. des Bibliophiles,* 1890 ; in-16, br.   4 fr.
Portrait gravé à l'eau-forte par *Lalauze.*

638. **Linguet.** Mémoires sur la Bastille. *Londres,* 1783 ; in-8, front., br.   3 fr.

639. **Lipsius** (Justi). Epistolarum centuriæ duæ. — Epistolica institutio. — De constantia libri duo. — De recta pronunciatione latinæ linguæ. — *Lugduni Batav. Ex off. Plantiniana,* 1591 ; 4 ouvrages rel. en 1 vol., vélin blanc à recouv.   4 fr.

640. **Longus.** Les Amours pastorales de Daphnis et Chloé, escrites en grec par Longus, et translatées en françois par J. Amyot. *Londres,* 1779 ; in-8, cart., *non rogné.* 6 fr.
Figures gravées d'après les compositions du *Régent.*

641. **Louvet de Couvray.** Quelques notices pour l'histoire et le récit de mes périls depuis le 31 mai 1793. *Paris, Louvet, an III* (1795) ; in-8, br.   3 fr.
Mouillures ; cachet sur le titre.

642. **Lucain.** Pharsolia, sive belli civilis libri decem. *Lugduni Batavorum, Samuel. Luchtmans,* 1728 ;

2 vol. in-4, veau, dos orné, fil., milieux (*Rel. anc.*).   10 fr.

Édition ornée d'un très beau frontispice gravé sur cuivre par *Bleyswyk* d'après *Van der My.*

643. **Luxe** (Ouvrages sur le). En un vol. in-12, veau, dos orné (*Rel. anc.*).   12 fr.

Essai sur le luxe (par J.-F. de Saint-Lambert). *S. l.*, 1764. — Lettres critiques sur le luxe et les mœurs de ce siècle, par M. Béliard. *Amsterdam et Paris, Mérigot*, 1771. — Traité du luxe, par M. Butini. *Genève, Bardin*, 1774. — Discours sur le luxe, par Genty. *S. l.*, 1783.

644. **Ly'onell.** L'Art de relever sa robe. *Paris, Poulet-Malassis*, 1862; in-18, br., couv.   3 fr.

Ly'onell est le pseudonyme d'Emile Daclin.

645. **Maccius** (Paulus). Emblemata [moralia, ære incisa et versibus ital. explicata.](*A la fin:*) *Bononiae. Ferronius*, 1628 ; in-4, fig., vélin blanc à recouv. (*Rel. anc.*). 10 fr.

Ce volume comprend 81 emblèmes, avec chacun une gravure, un titre gravé, et fig. grav. (La Vierge et l'enfant); manque 4 ff.

646. **Maison Rustique** du 19e siècle, contenant les meilleures méthodes de culture usitées en France et à l'Etranger ; les procédés pratiques propres à guider le fermier, le régisseur, etc. Rédigé par une réunion d'agronomes et de praticiens, sous la direction de MM. Bailly, Bixio et Malpeyre. *Paris, Libr. agricole*, s. d. ; 4 vol. gr. in-8, br.   10 fr.

2.500 vignettes gravées sur bois insérées dans le texte.

647. **Malherbe.** Poésies, rangées par ordre chronologique, avec la vie de l'auteur et de courtes notes, par A. G. M. Q. (A.-G. Meusnier de Querlon). *Paris, Barbou*, 1776 ; in-8, portr., br.   3 fr.

Bel exemplaire.

648. **Malingre.** Les Annales générales de la Ville de Paris, représentant tout ce que l'histoire a peu remarquer de ce qui s'est passé de plus mémorable en icelle depuis sa première fondation jusques à présent. Le tout par l'ordre des annees et des regnes de nos roys de France. *Paris, Rocolet*, 1640; in-fol., veau, fil., dos orné.   30 fr.

Fleuron gravé sur bois.

649. **Malingre** (Claude). Histoires tragiques de Nostre Temps. Dans lesquelles se voyent plusieurs belles maximes d'Estat, et quantité d'exemples fort mémorables, de constance, de courage, de générosité, de regrets et repentances (par Claude Malingre, sieur de S. Lazare). *Paris, Claude Collet*, 1635 ; in-8, vélin.   5 fr.

650. **Malthe** (François de). Traité des feux d'artifices pour la guerre et pour la récréation, avec plusieurs belles observations, abrégez de géométrie, fortifications, horloges solaires et exemples d'authmétique, en faveur des nouveaux étudiants ès mathématiques. *Paris, Guillemot*, 1629 ; petit in-8, demi-rel. dos et coins de mar. rouge.   5 fr.

Première édition d'un livre rarissime Frontispice et nombreuses figures gravées. Incomplet du titre et des 2 premières pages de l'épistre.

651. **Manteaux** (Les). Recueil (par le comte de Caylus). *La Haye*, 1746 ; in-12, veau.   4 fr.

Frontispice de *Cochin* gravé par *Fessard.*

652. **Mariette.** Les Mastaba de l'ancien empire. Fragment du dernier ouvrage de A. Mariette publié d'après le manuscrit de l'auteur par G. Maspéro. Livraisons I à IV. *Paris, Vieweg*, 1882-1884 ; 4 livr. br.   8 fr.

653. **Mariette-Pacha** (Aug.). Le Sérapeum de Memphis, publié d'après le manuscrit de l'auteur par G. Maspéro. *Paris, Vieweg*, 1882 ; in-4, br.   8 fr.

Tome I seul avec deux plans et atlas de 5 planches (publié à 50 fr.)

654. **Marmier.** Voyages de la commission scientifique du nord en Scandinavie, en Laponie, au Spitzberg et aux Féroë pendant les années 1838, 1839 et 1840 sur la corvette la Recherche commandée par M. Fabre, publiés par ordre du Roi sous la direction de M. Paul Gaimard. Littérature scandinave par M. Xavier Marmier. *Paris, Bertrand*, s. d. ; gr. in-8, chagr. noir, tête dor., *non rogné.*   5 fr.

Achat de Bibliothèques

655. Marmontel. Œuvres posthumes, imprimées sur le manuscrit autographe de l'auteur. Mémoires. *Paris, Khrouet,* 1804 ; 4 tomes en 2 vol., bas, dos orné. 6 fr.

656. Mario (Jessie-W.). Garibaldi et son temps. *Paris,* 1884 ; in-4, demi-rel. chagr. vert, tr. jasp. 5 fr.

Illustrations de *Ed. Matania.*

657. Martirologe (le) ou l'histoire des martyrs de la révolution (par J.-G. Peltier). *A Coblentz, et à Paris chez Artaud,* 1792 ; in-8, demi-rel. bas. 6 fr.

Orné de 3 figures non signées.

658. Masseville. Histoire sommaire de Normandie, par le sr de Masseville. *Rouen, Ferrand et Maury,* 1698-1704 ; 6 vol. in-12, veau. 6 fr.

659. Mazarin. Lettres du cardinal Mazarin, où l'on voit le secret de la négociation de la paix des Pirenées et la relation des conferences qu'il a eües pour ce sujet avec D. Loüis de Haro, avec d'autres lettres tres curieuses ecrites au roi et à la reine, pendant son voyage. *Amsterdam, Henri Vetstein,* 1693 ; 2 vol. in-12, rel. en un, vélin blanc à recouv. 5 fr.

660. Mazarinades. *Paris,* 1649 ; 5 pièces in-4, déreliées. 6 fr.

Advis salutaire donné à Mazarin. — Lettre à M. le Cardinal, burlesque. — Le Mathois ou marchand meslé. — Le Ministre d'Etat flambé. — La Prosopopée de la France.

661. Mélanges confus sur des matières fort claires, par l'auteur du « Gazetier cuirassé » (le chevalier Ch. Thévenau de Morande). *Imprimé sous le soleil (Londres,* 1771) ; in-8, br. 4 fr.

662. Mercier. Contes moraux. *Amsterdam et Paris, Merlin,* 1769 ; 2 tomes en un vol. in-12, veau. 10 fr.

4 jolies figures de *Marillier,* gravées par *de Launay* et *de Ghendt.*

663. Michaud. Histoire des Croisades. *Paris, Furne,* 1854 ; 4 vol. in-8, fig. et cartes, br. 8 fr.

Molière. Comédies diverses. *Libr. des bibliophiles,* in-16, br.

664. Le Sicilien. Edition originale, réimpression textuelle par les soins de Louis Lacour, 1875 ; papier Whatman. 5 fr.

664 *bis.* Le même, papier vergé. 3 fr.

665. Sganarelle ou le Cocu imaginaire. Edition originale, réimpression textuelle par les soins de Louis Lacour, 1872 ; papier Whatman. 6 fr.

666. Le Dépit amoureux. Edition originale, réimpression textuelle par les soins de Louis Lacour, 1873 ; papier Whatman. 8 fr.

667. L'Escole des Maris. Edition originale, réimpression textuelle par les soins de Louis Lacour, 1873 ; papier Whatman. 7 fr.

668. Le Medecin malgré luy. Edition originale, réimpression textuelle par les soins de Louis Lacour, 1874 ; papier Whatman. 8 fr.

669. L'Estourdy. Edition originale, réimpression textuelle par les soins de Louis Lacour, 1871 ; papier Whatman. 6 fr.

670. Monsieur de Pourceaugnac. Edition originale, réimpression textuelle par les soins de Louis Lacour, 1876 ; papier vergé. 4 fr.

671. Molina (Abbé). Essai sur l'histoire naturelle du Chili. Traduit de l'italien et enrichi de notes par M. Gruvel. *Paris, Née de La Rochelle,* 1789 ; in-8, demi-rel. veau. 4 fr.

672. Mollien. Voyage dans l'intérieur de l'Afrique, aux sources du Sénégal et de la Gambie, fait en 1818. *Paris, Vve Courcier,* 1820 ; 2 vol. in-8, bas. 6 fr.

Cartes et vues dessinées et gravées par *Ambroise Tardieu.*

673. Monet (Henri). La Martinique. *Paris, Savine,* s. d. ; in-8, cart., *non rogné.* 3 fr.

Illustrations de *Gerardin, G. Scot, L. Tinayre, Guilliod* et *Moreno.* Relation des 68 ouragans qui ont désolé cette île de 1657 à 1858.

674. Montesquieu (Secondat de). Considérations sur les causes de la grandeur des romains et de leur décadence, publiées avec une notice et des notes par G. Franceschi. *Paris, Lib. des bibliophiles,* 1875 ; in-12, br. 4 fr.

Papier Whatman.

675. Montesquieu. Le Temple de Gnide, revu, corrigé et augmenté. *Londres (Paris, Huard,* 1742) ; in-8, veau. 6 fr.

Frontispice, titre gravé et 8 jolies vignettes en-têtes non signés.

Et de Livres anciens et modernes

676. Montluc. Commentaires de Messire Blaize de Montluc, mareschal de France, où sont décrits tous les combats, rencontres, escarmouches, batailles, sièges, etc., esquels ce grand et renommé guerrier s'est trouvé durant cinquante ou soixante ans. *Paris, Louys Billaine*, 1661 ; 2 vol. in-12, veau. 10 fr.

677. Morgan (Lady). L'Italie, traduit de l'anglais (par Mlle Sobry). *Paris, P. Dufart*, 1821 ; 4 vol. in-8, demi-rel. veau violet.   6 fr.

678. Motteville (Mme de). Mémoires pour servir à l'histoire d'Anne d'Autriche, épouse de Louis XIII, roi de France. *Maestricht, Dufour et Roux*, 1782 ; 6 vol. in-12, mar. vert, dos ornés, fil., tr. dor. (*Wright*).   100 fr.

679. Nain jaune (Le), ou journal des arts, des sciences et de la littérature. *Paris*, 1815 ; in-8, parch.   10 fr.

Collection de 25 numéros de cette revue satyrique parue pendant les cent jours, du 5 mars au 5 juillet 1815, illustrée de 3 planches repliées dont 2 en couleurs.

680. Naudé parisien (G.). Apologie pour les grands hommes soupçonnez de Magie. *Amsterdam, J.-F. Bernard*, 1712; in-12, vélin blanc. 4 fr.

Front. gravé.

681. Niel (Général). Siège de Sébastopol. Journal des opérations du génie. *Paris, Dumaine*, 1858 ; in-4, cart., *non rogné*.   15 fr.

Avec atlas in-folio contenant 14 planches.

682. Notice sur la construction et la dédicace de la chapelle Saint-Louis, érigée par Louis-Philippe Ier en 1841, sur les ruines de l'ancienne Carthage, près de Tunis (par P.F.-L. Fontaine. *Paris, Fain et Thunot*, 1841 ; in-4, demi-rel. mar. vert, dos orné.   5 fr.

10 planches en taille-douce. Taches de rousseur.

683. Ogilvie (John). The imperial Dictionary of the English Language : a complete encyclopedie lexicon, literary, scientific, and technological. *London, Blackie*, 1886 ; 4 vol. gr. in-8, fig., cart. toile, éb. 30 fr.

684. ORAISONS FUNÈBRES. RÉUNION DE 25 OPUSCULES en un vol. in-4, demi-veau (*Rel. anc.*).   150 fr.

1° LAMOIGNON, par Bernard Colon, en latin. *Parisiis, Cl. Thiboust*, 1679. — 2° MICHEL LE TELLIER, par Ant. Hersan, en latin. *Parisiis, Muguet*, 1686. — 3° MICHEL LE TELLIER, traduite en français par M. B. (Bonavit). *Paris, Ve Martin*, 1688. — 4° CHARLES DE SAINTE-MAURE, DUC DE MONTAUSIER par A. Anselme, en français. *Paris, Josse*, 1690 (vignette avec portrait). — 5° FRANÇOIS DE HARLAY, archevesque de Paris, par le père Gaillard, en français. *Paris, Muguet*, 1696 (vignette avec portrait). — 6° MARIE STUART, par l'archevêque de Canterbury, traduit en français par L. D. *Amsterdam, Garrel*, 1685. — 7° LOUIS BOUCHERAT, garde des sceaux, par le R. P. de la Roche, en français. *Paris, Boudot*, 1700. — 8° JACQUES II, roi de la Grand'Bretagne, par H.-E. de Roquette, à l'église de Chaillot, en français. *Paris, Rémy*, 1702. — 9° ANNE-JULE DUC DE NOAILLES, par le P. Delarue, en français. *Paris, Josse*, 1709 (vignette avec portrait). — 10° LOUIS, DAUPHIN, par J. Maboul, à Montpellier, en français. *Montpellier, Martel*, 1712 (vignette avec portrait). — 11° FRANÇOIS DALIGRE, abbé de Saint-Jacques de Provins par le R. P. Lenet, à Provins, en français. *Paris, J. Estienne*, 1712. — 12° LOUIS, DAUPHIN, et MARIE-ADÉLAÏDE DE SAVOIE, par le P. Delarue, en français. *Paris, Papillon*, 1712 (vignette avec portrait du Dauphin). — 13° LOUIS XIV, par Honoré de Quiquerain de Beaujeu, à Saint-Denis, en français. *Paris, Papillon*, 1715 (vignette avec portrait) — 14° LUDOVICI MAGNI, par Carolo Porée, en latin. *Parisiis, Papillon*, 1715 (vignette avec portrait). — 15° LOUIS XIV, par l'abbé de Barcos, à Lyon, en français. *Paris, L. d'Houry*, 1716 (vignette avec portrait). — 16° LOUIS XIV, par l'abbé Lafargue, à Saint-Cyr, en français. *Paris, Guérin*, 1715. — LOUIS LE GRAND, par Edme Mongin, dans la chapelle du Louvre, en français. *Paris, Coignard*, 1716 (vignette avec portrait). — 18° CHARLES LE GOUX DE LA BERCHÈRE, archev. de Narbonne, par le P. G. Beaufils, à Narbonne, en français. *Narbonne, Besse*, 1719. — 19° ELIZABETH-CHARLOTTE PALATINE DE BAVIÈRE, Madame, Duchesse douairière d'Orléans, par le R. P. Cotonay, à Nancy, en français. *Nancy, J.-B. Cusson*, 1723. — 20° ELISABETH-CHARLOTTE PALATINE DE BAVIÈRE, par Père Cathalan, à Laon, en français. *Paris, Mazières*, 1723 (vignette avec portrait). — 21° Le PRINCE ROYAL LÉOPOLD-CLÉMENT, par le P. Pérussaut, à Nancy, en français. *Nancy, J.-B. Cusson*, 1723. — 22° MICHEL PONCET DE LA RIVIERE, évêque d'Angers, par le P. Claude Merigot, à Angers, en français. *Angers, O. Avril*, 1730. — 23° LOUIS HECTOR DUC DE VILLARS, par P. d'Alleman, à Aix, en français. *Aix, J. David*, 1734. — 24° LOUIS-HECTOR DUC DE VILLARS, par le P. Folard, à Arles, en français. *Arles, G. Mesnier*, 1734. — 25° CARDIN LEBRET, conseiller d'état, par le P. Folard, à Arles, en français. *Arles, G. Mesnier*, 1734.

Très curieuse réunion d'oraisons, dont

Achat de Bibliothèques

plusieurs sont ornées de jolis vignettes et culs-de-lampe gravés.

685. Orfèvrerie. Desings for gold et Silveremithe. *London, Ackermann,* 1836 ; in-4, cart.   10 fr.

Titre et 27 pl. gravés par *A. Welby.*

686. Ouville (d'). L'Élite des contes du sieur d'Ouville réimprimée sur l'édition de Rouen 1680 avec une préface et des notes par G. Brunet. *Paris, Jouaust,* 1883 ; 2 vol. in-8, br.   8 fr.

687. Ovide. L'Art d'aimer, suivi du remède d'amour, traduction nouvelle avec des remarques mythologiques et littéraires. Par F. S. A. D. L. (Ovide de Louverolles). *Paris, Ancelle,* 1803 ; in-8, demi-bas.   5 fr.

Frontispice de *Bosselman,* gravé par *Mariage.*

688. Ovide. Le Remède d'Amour, poème. Traduction nouvelle avec des notes par J.-B.-C. Grainville. *Paris,* 1797 ; pet. in-12, front., br.   3 fr.

689. Paris (Louis-Philippe, comte de). Histoire de la Guerre civile en Amérique, par M. le comte de Paris. *Paris Michel Lévy,* 1874-1883 ; 6 vol. in-8, br., et atlas in-fol. en feuilles.   25 fr.

Envoi autographe signé de l'auteur.

690. Pausanias (Le) français ; état des arts du dessin en France, à l'ouverture du XIXᵉ siècle : Salon de 1806... Publié par un observateur impartial. (P.-J.-B.-P. Chaussard). *Paris, Buisson,* 1808 ; in-8, br.   8 fr.

Ouvrage orné de 27 figures en taille-douce.

691. Pène (Henri de). Henri de France. *Paris, Oudin,* 1884 ; in-4, br.   6 fr.

Portraits et figures.

692. Pétrarque (Fr.). Mémoires pour la Vie de François Pétrarque tirés de ses œuvres et des auteurs contemporains. *Amsterdam, Arskée,* 1764 ; 3 vol. in-4, demi-rel. chagr.   20 fr.

Intéressants et nombreux documents sur Pétrarque.

693. Philosophe (le) cynique, pour servir de suite aux « Anecdotes scandaleuses de la cour de France». (Par Ch. Théveneau de Morande). *Londres,* 1777 ; in-8, br.   4 fr.

Curieuse anecdote de la fin du XVIIIᵉ siècle.

694. PICART (Bernard). CÉRÉMONIES ET COUTUMES religieuses de tous les peuples du monde, avec explication historique et quelques dissertations curieuses (avec le supplément). *Amsterdam,* 1739-1743 ; 8 vol. — Superstitions anciennes et modernes et préjugés vulgaires qui ont induit les peuples à des usages contraires à la Religion. *Amsterdam,* 1733-1736, 2 vol. — Ensemble 10 vol. in-fol., fig., veau fauve, dos orné, fil. (*Rel. anc.*). 300 fr.

Bel exemplaire de cet important ouvrage, orné de 266 jolies gravures.

695. Piroli. Antiquités d'Herculanum, gravées par Th. Piroli, et publiées par F. et P. Piranesi frères. *Paris,* 1804-1806 ; 6 vol. gr. in-4, cart.   80 fr.

Ouvrage comprenant 308 planches. il est d'une conservation parfaite, entièrement *non rogné.*
Exemplaire sur PAPIER VÉLIN.

696. Piron. Œuvres complètes d'Alexis Piron, publiées par M. Rigoley de Juvigny. *Neuchatel, impr. de la Société typographique,* 1777 ; 8 vol. in-8, portr., demi-rel. basane.   50 fr.

Le 8ᵉ vol., publié sous la rubrique : *Londres,* 1779, contient les différentes pièces libres de l'auteur.

697. Poggiana, ou la vie, le caractère, les sentences et les bons mots de Pogge florentin. Avec son histoire de la république de Florence. *Amsterdam, Pierre Humbert,* 1720; 2 vol. in-8, portr., cart., *non rognés.*   6 fr.

Exemplaire entièrement non rogné.

698. Pot-Pouri (Le). Ouvrage nouveau de ces Dames et de ces Messieurs (par le comte de Caylus). *Amsterdam, aux dépens de la compagnie,* 1748 ; in-12, veau marbr.   5 fr.

Cet ouvrage est aussi attribué à André le Fèvre, de Troyes.

Et de Livres anciens et modernes

699. Poulet-Malassis (Ouvrages édités par). *Paris, ot Bruxelles ;* in-12, br.

1. PIRON. Œuvres inédites. 1859.   4 fr.
2. BOUGY (Alfred de). Voyage dans la Suisse française et le Chablais. 1860.   4 fr.
3. PONSARD (René). Les Échos du Bord. 1862.   3 fr.
4. BANVILLE (Th. de). Poésies complètes. 1858.   5 fr.

700. Préval (Général). Projet de réglement de service pour les armées françaises. *Paris, Didot,* 1812 ; in-8, br.   10 fr.

Ouvrage tiré à 25 exemplaires.

701. Prévost (abbé). Histoire de Marguerite d'Anjou, reine d'Angleterre. *Amsterdam, Fr. Desbordes,* 1740 ; 4 tomes en 2 vol. in-12, veau.   7 fr.

702. Procédures faites en Bretagne et devant la Cour des Pairs en 1770 avec des observations. *S. l.,* 1770 ; 2 vol. in-12, veau. 6 fr.

Ces deux volumes ont été imprimés pour le duc d'Aiguillon dans son célèbre procès avec le parlement de Rennes.

703. Protestants. Mémoire et second Mémoire sur le mariage des protestans. (Par Guil. de Lamoignon de Malesherbes). *Londres (Paris),* 1787 ; 2 vol. in-8, br. 5 fr.

704. Proyart (Abbé). Louis XVI détrôné avant d'être Roi ou tableau des causes nécessitantes de la Révolution Française, et de l'ébranlement de tous les trônes ; faisant partie intégrante d'une vie de Louis XVI qui suivra. *Londres,* 1800, in-8, br.   3 fr.

705. Quesnay de Beaurepaire (Alfred). L'Ane des Korrigans, suivi de Les Bateaux noirs de Belle-Isle (Légendes du Morbihan). Ouvrage illustré de 30 compositions par l'auteur, gr. par Ch. G. Petit. *Paris, Firmin-Didot,* 1894 ; in-4, br., couv. illustr.   6 fr.

706. Quinault. Le Théâtre de M. Quinault. Nouvelle édition augmentée et enrichie de figures en taille-douce. *Amsterdam, Antoine Schelte,* 1697 ; 2 vol. pet. in-12, veau.   15 fr.

Recueil composé par le successeur de Wolfgang. Il comprend 16 pièces avec frontispice gravé et titre particulier pour chacune d'elles : La Mort de Cyrus, 1662 ;

le Mariage de Cambise, 1662 : le Feint Alcibiade, 1662 : les Coups de l'Amour et de la Fortune, 1662 ; Amalasonte, 1662 ; Stratonice, 1662 ; la Comédie sans comédie, 1662 ; le Fantosme amoureux, 1697 ; — La généreuse Ingratitude, 1697 ; l'Amant indiscret, 1697 ; les Rivales. 1697 ; Agrippa, 1697 ; Bellerophon, 1671 : la Mère coquette, 1666 ; Astrate, 1665 : Pausanias, 1697.

707. Quincy Adams. Lettres sur la Silésie écrites en 1800 et 1801, durant le cours d'un voyage fait dans cette province. Traduit de l'anglais par J. Dupuy. *Paris, Dentu,* 1807 ; in-8, carte, bas. 3 fr.

708. Rabelais. La Chronique de Gargantua, premier texte du roman de Rabelais précédé d'une notice par M. Paul Lacroix. *Paris, D. Jouaust,* 1868 ; in-12, br.   3 fr.

Collection du cabinet du Bibliophile. PAPIER VERGÉ.

709. Raccolta di diverse scritture sofra gli affari correnti trà la Santa Sede, et la Francia. *S. l.,* 1688 ; in-12, vélin blanc. (*Rel. anc.*) 4 fr.

Ouvrage sur les démêlés qui eurent lieu entre Louis XIV et le Pape Innocent XI.

710. Racine. Œuvres complètes, avec les notes de tous les commentateurs. Deuxième édition publiée par L. Aimé-Martin. *Paris, Lefèvre,* 1822 ; 6 vol. in-8, demi-mar. rouge, *non rognés.*   45 fr.

Edition ornée de figures d'après *Gérard, Girodet* et *Prud'hon.*

711. Racine. Œuvres complètes de J. Racine, avec une vie de l'auteur et un examen de chacun de ses ouvrages, par M. de Saint-Marc Girardin. *Paris, Garnier,* 1869-1877 ; 8 vol. in-8, portr. et fig., br.   25 fr.

Figures de *Staal.*

712. Recueil de pièces de Théâtre du XVIIe siècle ; in-4, veau. 10 fr.

Collé. La Partie de chasse de Henri IV, comédie, 1766 (4 figures de Gravelot). — *Voltaire.* Mérope, tragédie, 1758. — *Favart.* Annette et Lubin, comédie, 1763 (musique). — *Favart.* Isabelle et Gertrude, comédie, 1765. — Nanine, sœur de lait de la reine de Golconde, parodie, 1763 (fig. de Martinet et musique). — *Grandval.* Le Pot de chambre cassé, tragédie pour rire. — *Saurin.* Les Mœurs du temps, comédie, 1761.

713. Regnard. Œuvres complètes, avec des avertissemens et des remarques sur chaque pièce, par M.

G*** (Garnier). *Paris, impr. de Monsieur,* 1790 ; 6 vol. in-8, demi-rel. veau, dos orné. 20 fr.

Portrait d'après *Rigaud*, gravé par *Tardieu*, et 11 figures par *Moreau* et *Marillier*, gravées par *Delignon, Duponchel, Giraud, Halbou, Langlois, de Longueil, Patas, Simonet* et *Trière*.

714. Rehfues. L'Espagne en mil huit cent huit, ou recherches sur l'état de l'administration, des sciences, des lettres, des arts, du commerce et des manufactures, de l'instruction publique, de la force militaire, etc., par J. F. Rehfues. *Paris, Treuttel et Wurtz,* 1811 ; 2 vol. in-8, bas. 5 fr.

Cet ouvrage a été traduit de l'allemand par F. Guizot.

715. Relation de la conduite que la duchesse douairière de Malborough (Sarah Jennings), a tenue à la cour depuis qu'elle y entra jusqu'à l'an 1710, écrite par elle-même dans une lettre à Mylord. *La Haye, Paupie et Johnson,* 1742 ; in-12, vélin blanc à recouv. 5 fr.

716. Renard (D^r). Essai sur les Ecrouelles. *Paris, Des Ventes de Ladoué,* 1769 ; in-12, veau. 4 fr.

717. Réveil. Musée de peinture et de sculpture ou recueil des principaux tableaux, statues et bas-reliefs des collections publiques et particulières de l'Europe, dessiné et gravé à l'eau-forte par Réveil, avec des notices (en français et en anglais) par Duchesne. *Paris, Audot,* 1828. — Les loges du Vatican, sujets peints à fresque par Raphaël et gravés à l'eau-forte sur acier par Réveil. *Paris, Audot,* 1833. — Les Amours de Psyché, d'après Raphaël, avec une nouvelle histoire de Psyché par M. Lemolt-Phalary. *Paris, Audot,* 1832. — En livraisons dans 9 cartons. 60 fr.

Intéressant ouvrage renfermant une suite de 1044 gravures, 89 figures pour Raphaël et 36 portraits de peintres et sculpteurs avec notice très détaillée. En tout 1169 gravures au trait.
Trois tables facilitent les recherches. L'une contient les sujets classés par maîtres, divisés par école et rangés par ordre chronologique dans chaque école : la seconde contient les sujets classés par pays, villes, collections et maîtres : la troisième est une table alphabétique des noms de maîtres, collections et sujets. Manque le titre général.

718. Révolution. Fuite du Roi, le 21 juin 1791. Pièces officielles en un vol. in-8, demi-rel. 8 fr.

Procès-verbal de la séance permanente de l'Assemblée nationale des 21, 22, 23, 24, 25 et 26 juin 1791. — L'Assemblée nationale aux François, proclamation du 22 juin 1791. — Discours sur la question si le roi peut être jugé par Brissot. — Rapport par Muguet de Nanthou. — Opinions d'Adrien Du port, de Barnave, de Salle, imprimées par ordre de l'Assemblée. — Lettre du roi. — La Constitution française présentée au roi, le 3 septembre 1791.

719. Riffard (Léon). Contes et apologues. *Paris, Hachette,* 1886 ; in-8, br., couv. 5 fr.

150 vignettes dont 12 portraits de contemporains par *Frédéric Régamey*.

720. Rivarol (A.). Œuvres choisies, publiées en deux volumes avec une préface par M. de Lescure. *Paris, Jouaust,* 1880 ; 2 vol. in-12, demi-rel. chagr. rouge, têtes dor., éb. 5 fr.
Papier de Hollande.

721. Rivière-Dufresny. Entretiens ou amusements sérieux et comiques, publiés par D. Jouaust. *Paris, Jouaust,* 1869 ; in-12, br. 4 fr.
Collection du cabinet du Bibliophile. PAPIER VERGÉ.

722. Robert. Recherches sur la nature et l'inoculation de la petite Vérole. *La Haye,* 1763 ; in-12, veau, dos orné. 4 fr.

723. Rocoles (J.-B. de). Les Imposteurs insignes, ou histoires de plusieurs hommes de néant de toutes nations, qui ont usurpé la qualité d'Empereur, de Roi et de Prince ; des guerres qu'ils ont causé, etc. *Bruxelles, Jean van Vlaenderen,* 1728 ; 2 vol. in-8, front., demi-rel. mar. vert, dos orné, *non rognés.* 6 fr.
Portraits sur cuivre.

724. Rodriguez (le P. Alfonso). Compendio degl' essercitii di perfettione e di virtì christiane del P. Alfonso Rodriguez della compagnia di Giesù. Con aqiunta d'altro compendio del trattato dell' obedienza e d'una lettra del ven. pre. Paulo Giustiniano, 1661 ; pet. in-8, vél. 10 fr.
Manuscrit italien de 167 ff., d'une calligraphie très fine parfaitement exécutée.

725. Roger (P.). La Noblesse de France aux Croisades. *Paris, Derache et Dumoulin,* 1845 ; in-8, débroché, *couv. ill.* 5 fr.
Frontispice et figures sur bois, tirés sur Chine.

Et de Livres anciens et modernes

726. **Rondelet** (Jean). Traité théorique et pratique de l'Art de Bâtir. *Paris, Didot frères*, 1867 ; 5 vol. gr. in-4 de texte, demi-rel. dos et coins de mar. bleu, tête dor., *non rognés* et atlas in-fol., cart. 60 fr.

L'atlas comprend 207 planches.

727. **Roques** (Joseph). Plantes usuelles, indigènes et exotiques, dessinées et coloriées d'après nature, avec la description de leurs caractères distinctifs et de leurs propriétés médicales. *Paris, Vve Hocquart*, 1809 ; 2 vol. in-4, cart. 70 fr.

Ouvrage illustré de 133 planches renfermant 188 figures, très finement dessinées et coloriées. Légères piqûres de vers dans les marges.

728. **Sahib.** Croquis maritimes par Sahib (Gourdon). *Paris, Vanier*, 1880 ; in-4, cart. toile, tr. dor. 8 fr.

Premier tirage. Nombreux dessins humoristiques.

729. **Saint-Évremond.** Œuvres choisies, publiées avec une notice et des notes par M. de Lescure. *Paris, libr. des Bibliophiles*, 1881 ; in-16, portr., br. 4 fr.

730. **Saint-Foix.** Lettres turques, publiées par D. Jouaust. *Paris, Jouaust*, 1869 ; in-12, br. 4 fr.

Papier vergé.
Collection du Cabinet du Bibliophile.

731. **Saint-Germain** (Comte de). Mémoires de M. le comte de Saint-Germain, Ministre et secrétaire d'état de la guerre, écrits par lui-même. *Amsterdam, Marc-Michel Rey*, 1779 ; in-8, br. 4 fr.

732. **Sainte-Marthe** (Scévole). La manière de nourrir les Enfants à la mammelle. Traduction d'un poème latin, par Abel de Sainte-Marthe. *Paris, Guill. de Luyne*, 1698; in-8, veau. 4 fr.

Le texte du poème latin est en regard de la traduction.

733. **Sallengre.** Histoire de Pierre de Montmaur, professeur royal en langue grecque dans l'Université de Paris. *La Haye, Chr. van Lom, P. Goss et R. Alberts*, 1715 ; 2 vol. in-8, veau fauve, dos orné (*Rel. anc.*). 10 fr.

Frontispices et curieuses figures gravés sur cuivre.

734. **Sarpi.** Traité des bénéfices de Fra Paolo Sarpi, téologien de la S. seigneurie de Venise, traduit et vérifié par l'abbé de Saint-Marc. *Amsterdam*, 1685 ; in-12, vélin blanc à recouv. 4 fr.

735. **Savary de Lancosme Breves.** De l'Équitation et des Haras. *Paris, Rigo*, 1842 ; in-4, br., couv. 18 fr.

Figures et vignettes sur bois par *Giraud*.

736. **Saxe** (La) galante, ou Histoire des Amours d'Auguste Ier, roi de Pologne (par le baron de Poellnitz). *Amsterdam, aux dépens de la Compagnie*, 1736 ; in-12, veau. 6 fr.

Cet ouvrage a été et est encore recherché par le célèbre plagiat qu'il renferme, du livre de Mme de Lafayette, la Princesse de Clève.

737. **Segundo** (D. Juan). Nuevo metodo para embocar bien todos los caballos y tratado sucinto de equitacion, por el intendente D. Juan Segundo. Tercera edicion corregida y aumentada. *Madrid*, 1858 ; gr. in-8, br. 4 fr.

Portrait, fig. sur bois et 7 grandes planches pliées.

738. **Senault** (J.-Fr.). De l'Usage des passions. *Paris, Journel*, s. d. ; in-12, vélin. 4 fr.

Titre-frontispice gravé par *Larmessin*.

739. **Serre** (Comte de). Correspondance (1796-1824), annotée et publiée par son fils. *Paris, Vaton*, 1876-1877 ; 6 vol. in-8, portr., br. 10 fr.

740. **Scarron.** Œuvres de Monsieur Scarron. Nouvelle édition revue, corrigée et augmentée. *Amsterdam, J. Wetstein*, 1752 ; 7 vol. pet. in-12, br. 15 fr.

Portrait et jolies figures gravés par *Folkema*.

741. **Scarron.** Le Roman comique, peint par J.-B. Pater et J. Dumont. Le Roman, réduit d'après les gravures au burin de Surugue père et fils, Benoît, Audran, etc., gravures par Tiburce de Mare, et accompagné de Notices explicatives au bas de chaque figure et d'une Préface par Anatole Montaiglon. *Paris, Rouquette*, 1883 ; in-4, cart. toile. 10 fr.

Jolie collection de 16 figures et d'un portrait sur papier vélin.

Achat de Bibliothèques

742. SCHEUCHZER (Jean-Jacques). PHYSIQUE SACRÉE, ou Histoire naturelle de la Bible, traduite du latin de M. Jean-Jacques Scheuchzer (par de Varenne). Enrichie de figures en taille-douce, par les soins de Jean-André Pfeffel. *A Amsterdam, chez Pierre Schenck,* 1732-37 ; 8 vol. in-fol., fig., mar. rouge, dos orn., fil., tr. dor. (*Rel. anc.*).   500 fr.

Parmi les 750 gravures assez belles dont ce livre est orné, et qui en font le principal mérite, il s'en trouve beaucoup de parfaitement inutiles ; mais une autre partie de ces planches offre des sujets qui n'ont pas été gravés ailleurs ; c'en est assez pour rendre ce grand ouvrage indispensable aux naturalistes.
Bel exemplaire. Très rare en pareille condition.

743. Schiller (F.). Œuvres dramatiques, traduites de l'allemand, précédées d'une notice biographique et littéraire sur Schiller. *Paris, Ladvocat,* 1821 ; 6 vol. in-8, port., cart., *non rognés.*   12 fr.

744. SCHÖNLEBEN (J.-L.). DISSERTATIO POLEMICA de prima origine Augustissimæ domus Habspurgo-Austriacæ, in qua viginti diversae opiniones authorum ventilantur et vera origo a Carolo Magno imperatore, eiusque maioribus Franco-Germanes... *Labaci, Mayr,* 1680 ; in-fol., front. grav., mar. rouge, dos orn., fil., dent. int., tr. dor. (*Rel. anc.*).   450 fr.

Aux armes du Prince *Eugène de Savoie.*

745. Scorza (Rosaroll). La Scienza della tattica del barone Rosaroll Scorza. *Napoli,* 1814 ; in-4, dem.-mar. vert avec coins, tête dor., *non rogné.*   6 fr.

746. Shepherd. Metropolitan improvements ; or London in the nineteenh Century : displayed in a series of Engravings of the new buildings, improvements etc., by the most eminent artist, from original drawings by Mr Thoss. H. Shepherd ; with historical, topographical, and critical illustrations by James Elmes. *London, By Jones et Cᵒ,* 1831 ; in-4, demi-rel. dos et coins de mar. noir, plats toile, tr. dor.   40 fr.

Titre gravé avec vignette et 80 planches, donnant 161 vues de Londres.

747. Simond (Louis). Voyage en Angleterre pendant les années 1810 et 1811, avec des observations sur l'état politique et moral, les arts et la littérature de ce pays ; par L. Simond. *Paris, Treuttel et Würtz,* 1817 ; 2 vol. in-8, demi-rel. bas. 5 fr.

Figures à l'aqua-tinte.

748. Simpson (William). Picturesque people : being groups from all quarters of the globe. With an introduction and descriptive letterpress by the artist himself. *London, Thompson,* 1876 ; in-4, cart. toile orange, fers spéciaux, tr. dor. 10 fr.

18 planches en chromolithographie.

749. Snelgrave (Guillaume). Nouvelle relation de quelques endroits de Guinée, et du commerce d'esclaves qu'on y fait, traduite de l'anglais par de Coulange. *A Amsterdam, aux dépens de la Compagnie,* 1735 ; in-12, carte, veau.   5 fr.

750. Solvay (Lucien). Au Pays des Orangers. *Bruxelles, Kistemaeckers,* 1882 ; pet. in-8, demi-rel. mar. vert, tête dor., *non rogné.* 4 fr.

Illustrations de *F. Stroobant* et de *César dell'Aqua.*

751. Statue antiche che sono poste in diversi luoghi nella cita di Roma. Novamente stampate, *in Venetia,* 1576, *appresso Girolamo Porro;* in-4, demi-rel. chag. noir.   20 fr.

Titre gravé et 50 planches non signées, gravées en taille-douce d'après les monuments de Rome.

752. Staël (baronne de). Corinne ou l'Italie. *Paris, Treuttel et Wurtz,* 1841-42 ; 2 vol. in-8, br., *non rognés.*   25 fr.

Nombreuses gravures sur bois.

753. Swift. Voyages du Capitaine Gulliver en divers pays éloignés. *La Haye, Jean Swart,* 1765 ; 3 vol. in-12, fig., demi-rel. dos et coins de chagr. brun.   8 fr.

Le tome 3 contient la Clef.

754. Tableau de la Grande-Bretagne, de l'Irlande, et des possessions angloises dans les quatre parties du Monde (par le baron de Baert). *Paris, Maradan,* 1802 ; 4 vol. in-8, veau, dos orné (*Rel. anc.*).   8 fr.

12 vues, cartes, portraits et scènes gravés en taille-douce.

Et de Livres anciens et modernes

755. **Tableau** de la guerre de la pragmatique-sanction en Allemagne et en Italie, avec une relation originale de l'expédition du prince Charles-Edouard en Écosse et en Angleterre. Par un aide de camp général dans l'armée d'Espagne (le chevalier Powerer). *Berne, Société typographique*, 1784 ; 2 tomes en un vol. in-8, bas.   4 fr.

756. **Tallemant des Réaux**. Les historiettes, 3e édition entièrement revue et précédée d'une notice sur l'auteur par MM. Paulin Paris et de Monmerqué. *Paris, Techener*, 1865 ; 6 vol. in-12, br., couv. 18 fr.

757. **Tarsis et Zélie** (par Le Voyer de Boutigny). Nouvelle édition. *Paris, Musier fils*, 1774 ; 3 tomes en 6 vol. in-8, veau, dos orné. 60 fr.

   Ouvrage très joliment illustré de 3 frontispices par *Cochin*, *Moreau* et *Eisen*, de 3 fleurons gravés par *Née* et de 20 vignettes par *Eisen*.

758. **Tasse** (Le). La Jérusalem délilivrée, traduction nouvelle et en prose par M. V. Philippon de la Madelaine ; augmentée d'une description de Jérusalem, par M. de Lamartine. *Paris, Mallet*, 1841 ; gr. in-8, demi-veau vert, dos orn., *non rogné*.   50 fr.

   Première édition de cette traduction, ornée de 170 vignettes gravées sur bois, dont 20 pl. tirées à part sur CHINE avant la lettre. Taches de rousseur.

759. **Tavernier** (J.-B.). Les six Voyages de M. J.-B. Tavernier, baron d'Aubonne, en Turquie, en Perse et aux Indes pendant l'espace de 40 ans. Nouvelle édition. *Paris, Vve P. Ribou*, 1724 ; 2 vol. in-12. 15 fr.

   Portrait, frontispice et planches en taille-douce.

760. **Taylor** (Lieut.-Colonel). Letters on India, political, commercial, and military, relative to subjects important to the british interests in the east. Addressed to a proprietor of east-india Stock. *London*, 1800 ; in-4, cart.   10 fr.

   Vue coloriée de Bombay, et 2 cartes coloriées. Mouillures.

761. **Ternisien - d'Haudricourt**. Fastes de la Nation française, ou tableaux pittoresques gravés par d'habiles artistes, accompagnés d'un texte explicatif, et destiné à perpétuer la mémoire des hauts faits militaires, des traits de vertu civiques, ainsi que les exploits de la Légion d'honneur. *Paris, Potier*, 1804 ; in-4, veau.   20 fr.

   Frontispice et 106 planches gravés par *Couché*, *Pourvoyeur*, d'après *Lafitte*, *Swebach*, etc., avec texte en taille-douce.

762. **Testament** politique du duc Charles de Lorraine (attribué à Chevremont). Édition nouvelle précédée d'une notice bibliographique (par Anatole de Montaiglon). *Paris, Académie des Bibliophiles*, 1866 ; pet. in-8, br.   3 fr.

   PAPIER VERGÉ, tiré à 200 exemplaires.

763. **Teule** (Charles). Pensées et notes critiques extraites du Journal de mes voyages dans l'empire du Sultan de Constantinople, dans les provinces Russes, Géorgiennes et Tartares du Caucase et dans le royaume de Perse. *Paris*, 1842 ; 2 vol. in-8, demi-veau fauve. 3 fr.

764. **Thiébault** (Dieudonné). Mes Souvenirs de vingt ans de séjour à Berlin ; ou Frédéric le Grand, sa famille, sa cour, son gouvernement, son académie, ses écoles et ses amis littérateurs et philosophes. *Paris, Buisson*, 1804 ; 5 vol. in-8, bas.   12 fr.

765. **Thiery de Menonville**. Traité de la culture du Nopal, et de l'éducation de la cochenille dans les colonies françaises de l'Amérique ; précédé d'un voyage à Guaxaca. *Au Cap français et à Paris*, 1787 ; 2 vol. in-8, veau marbré, dos orné, tr. rouge (Rel. anc.). 6 fr.

   2 planches coloriées.

766. **Tobiesen Duby** (Pierre Ancher). Traité des monnoies des barons, ou représentation et explication de toutes les monnoies d'or, d'argent, de billon et de cuivre qu'ont fait frapper les possesseurs des grands fiefs, pairs, évèques, abbés, chapitres, villes et autres seigneurs de France. *Paris, imp. Impériale*, 1790 ; 3 vol. in-4, br., dont 2 de texte et 1 de 120 pl. — Recueil général des pièces obsidionales et de nécessité, gravées dans l'ordre chronologique des événements, avec l'explication dans l'ordre alphabétique des faits historiques

Achat de Bibliothèques

qui ont donné lieu à leur fabrication, à la suite desquels se trouvent plusieurs pièces curieuses et intéressantes sous le titre de Récréations numismatiques. *Paris, Debure*, 1786 ; 1 vol. in-4, avec 31 pl., demi-veau rose avec coins.   25 fr.

Ouvrages très rares.

767. **Tombe** (Ch.-Fr.). Voyage aux Indes orientales, pendant les années 1802, 1803, 1804, 1805 et 1806. Revu et augmenté de plusieurs notes et éclaircissemens par M. Sonnini. *Paris, Arthus Bertrand*, 1810 ; 2 vol. in-8 et atlas in-4, demi-rel. bas.   10 fr.

18 belles planches en taille-douce.

768. **Traité** des loix civiles et ecclésiastiques, faites contre les hérétiques, par les papes, les empereurs, les rois, et les conciles généraux et provinciaux, approuvez par l'église de Rome, avec un discours contre la Persécution, traduit de l'anglois. *Genève, Du Villard*, 1725 ; in-12, vélin blanc à recouvr.   5 fr.

769. **Traittez** des baromètres, thermomètres et notiomètres ou hygromètres, par M. D*** (Dalencé). *Amsterdam, Paul Marret*, 1707 ; in-12, veau.   8 fr.

Frontispice et jolies figures de *Schoonebeek*.

770. **Trenck** (Frédéric, Baron de). Examen politique et critique d'un ouvrage intitulé Histoire secrète de la Cour de Berlin, ou correspondance d'un voyageur françois. *A Berlin, s. d.* (1790) ; in-8, front., br.   6 fr.

C'est de cet écrit dont parle Quérard (*Supercheries littéraires*. II, 1150) lorsqu'il dit que l'ouvrage de Mirabeau, Histoire secrète de la Cour de Berlin, fut grossièrement réfuté par le baron de Trenck. Rare.

771. **Trepagne de Menerville.** Les Amusements de Monseigneur le duc de Bretagne, dauphin. Avec le discours sur sa mort et autres petites pièces, par M. R. Trepagne de Menerville, curé de Suresne et de Puteaux. *Paris, Guill. Cavelier*, 1712 ; in-12, front., veau.   10 fr.

En tête de cet ouvrage, panégyrique outré du jeune prince, est une longue note ms. critique des sentiments de l'auteur.

772. **TRESSAN.** Histoire de Gérard de Nevers et de la belle Euriant, sa mie. *Paris, de l'impr. de Didot jeune*, 1792 ; pet. in-12, fig., mar. vert, dent., doublé de tabis, tr. dor. (*Rel. anc.*).   300 fr.

Exemplaire tiré sur PAPIER VÉLIN, contenant 4 figures dessinées par *Moreau*, gravées par *Dupréel, de Ghendt, Malbeste* et *Simonet*, épreuves AVANT LA LETTRE.

773. **Tressan.** La Mythologie, comparée avec l'histoire. *Paris, Dufour*, 1813 ; 2 vol. in-12, pl., br.   4 fr.

774. **Trissino** (Giov.-Gior.). Tutte le Opere non piu' raccolte. *Verona*, 1729 ; 2 vol. in-4, basane.   6 fr.

Portrait gravé sur cuivre.

775. **Troil** (de). Lettres sur l'Islande. Traduites du suédois, par M. Lindblom. *Paris, impr. de Monsieur* (*Didot*), 1781 ; in-8, veau marbré, dos orné, fil. (*Rel. anc.*).   5 fr.

Cartes et planches en taille-douce.
On a relié à la suite : Lettres écrites de Portugal sur l'état de ce pays (par Miss Stephens). 1780.

776. **Trois Siècles** (Les) de notre littérature, ou tableau de l'esprit de nos écrivains depuis François Ier jusqu'en 1772 (par Ant. Sabatier, de Castres). *Amsterdam, et Paris, Gueffier*, 1763 (*sic pour* 1773) ; 3 vol. in-12, cart., *non rognés*.   6 fr.

777. **Un Siècle.** Mouvement du Monde de 1800 à 1900. *Paris, J. Boussod, Manzi, Joyant*, 1900 ; 3 vol. in-4, br.   30 fr.

Cet ouvrage, divisé en trois parties, comprend : le mouvement politique et économique, le mouvement intellectuel, le mouvement religieux. On y remarque comme collaborateurs : MM. Lepet, de Vogüé, H. Joly, vicomte de Meaux, G. d'Avenel, de Mun, Eug. Tavernier, Brunetière, P. Allard, le Cardinal Richard, etc.

778. **Vachon** (Marius). Les Arts et industries du Papier en France. 1871-1894. *Paris, May et Motteroz*, 1894 ; in-4, br.   8 fr.

Nombreuses illustrations.

779. **Vachon** (Marius). L'ancien Hôtel de Ville de Paris (1533-1871). *Paris, Quantin*, 1882 ; in-4, cart., *non rogné*.   10 fr.

100 gravures dans le texte, et 25 planches hors texte tirées en taille-douce, reproduisant les peintures et autres œuvres d'art détruites dans l'incendie de 1871.

Et de Livres anciens et modernes

780. **Vachon** (Marius). Les Marins russes en France. Préface par E-Melchior de Vogué. *Paris, Quantin*, s. d. (1894) ; in-4, br. 5 fr.

Ouvrage illustré de 15 grandes planches en héliotypie et chromotypographie. 170 dessins d'après nature. Couverture en couleur.

781. **Vachon**. La vie et l'œuvre de Pierre Vaneau, Sculpteur français du XVIIe siècle et le monument de Sobieski. *Paris, Charavay*, 1883 ; in-4, br. 6 fr.

Illustrations dans le texte et hors texte.

782. **Vaissette** (Dom Joseph). Abrégé de l'histoire générale de Languedoc. *Paris, J. Vincent*, 1749; 6 vol. in-12, veau. 15 fr.

783. **Valentia** (Georges). Voyage dans l'Hindoustan, à Ceylan, sur les deux côtes de la Mer Rouge, en Abyssinie et en Egypte, pendant les années 1802, 1803, 1804, 1805, 1806, par le vicomte Georges Valentia. Traduit de l'anglais par P.-F. Henry. *Paris, Vve Lepetit*, 1813 ; 4 vol. in-8 et atlas in-4 obl., demi-rel. veau brun, tr. jasp. 12 fr.

Cartes, plans, inscriptions et vues diverses exécutées par *H. Sall*, gravées par *Adam*.

784. **Valery**. Voyages historiques et littéraires en Italie pendant les années 1826, 1827 et 1828, par M. Valery. *Paris, le Normant*, 1831-1833 ; 5 vol. in-8, demi-rel. veau violet. 8 fr.

785. **Van Braam Houckgeest**. Voyage de l'Ambassade de la compagnie des Indes orientales hollandaises vers l'empereur de la Chine, en 1794 et 1795 ; où se trouve la description de plusieurs parties de cet Empire, tiré du journal d'André Everard Van-Braam Houckgeest, publié par M. L.-E. Moreau de Saint-Méry. *Paris, Garnery*, 1798 ; 2 vol. in-8, veau granit, dos orné (*Rel. anc.*). 5 fr.

786. **Vattier d'Ambroyse**. Le Littoral de la France. Côtes languedociennes : du cap Cerbère à Marseille. *Paris*, 1893 ; gr. in-8, br. 6 fr.

Ouvrage illustré de nombreuses gravures.

787. **Vaulabelle** (Ach. de). Histoire des deux restaurations jusqu'à l'avénement de Louis-Philippe (1813-1830). Sixième édition. *Paris, Perrotin*, 1864 ; 8 vol. in-8, br. 18 fr.

788. **Verelius** (Olaus). Manuductio ad Runographiam Scandicam antiquam, recte intelligendam (Suecice et latina). *Upsal, Henricus Curio*, 1675 ; pet. in-fol., veau fauve, dos orné, fil., tr. rouge (*Rel. anc.*). 40 fr.

Bel exemplaire aux armes de COLBERT.

789. **Verne** (Jules). Voyages extraordinaires. Face au drapeau. Clovis Dardentor, 1 vol. — Mirifiques Aventures de Maître Antifer, 1 vol. — P'tit Bonhomme, 1 vol. — Claudius Bombarnac. Le Château des Carpathes, 1 vol. — César Cascabel, 1 vol. — Le Sphinx des Glaces, 1 vol. — Le Testament d'un excentrique, 1 vol. — Le Superbe Orénoque, 1 vol. — Aventures du capitaine Hatteras, 1 vol. — L'Ile à hélice, 1 vol. *Paris, Hetzel*, s. d.; 10 vol. gr. in-8, demi-rel. de l'édit., chagr. rouge, plats toile, dos ornés, tr. dor. 50 fr.

Très beaux volumes illustrés d'un grand nombre de gravures sur bois en noir et en couleurs.

790. **Vicissitudes** (Les). Mémoires du chevalier L. M... S. *l. n. d.* ; pet. in-fol., br. 30 fr.

Manuscrit sur papier, d'une bonne écriture de milieu du XVIIIe siècle, comprenant 3 ff. lim. et 208 pp.

D'après une note inscrite sur la première garde, ce manuscrit ne serait autre que l'original d'un roman d'Antoine de **La Place** : Les *Désordres de l'amour ou les étourderies du chevalier des Brières*, publié à Paris, chez Cailleau, en 1768, en 2 vol. in-12. Les changements de style que l'on y remarque ne seraient qu'une suite de corrections que l'auteur a fait subir à la première rédaction.

791. **Via crucis** ou les 14 stations représentant le chemin de la croix avec les pratiques de cette dévotion. *Paris, Pierron*, 1813 ; in-4, br. 4 fr.

16 gravures en taille-douce par *Pierron*.

792. **Vies** des Saints, nouvellement écrites par une réunion d'ecclésiastiques et d'écrivains catholiques, sous les auspices de NN. SS. les archevêques et évêques. Nouvelle édition. *Paris*, 1854 ; 4 vol. pet. in-4, br., couv. ill. 12 fr.

Vignettes sur bois.

793. Vigneul-Marville. Mélanges d'histoire et de littérature. Seconde et nouvelle édition. *Imprimée à Rouen, à Paris, Claude Prudhomme*, 1701 ; 3 vol. in-12, veau, fil., tr. dor. 8 fr.
Bel exemplaire.

794. Vigor (Simon). De l'Estat et gouvernement de l'Eglise, quatre livres. De la Monarchie ecclésiastique, de l'infaillibilité, de la discipline ecclésiastique, des Conciles. Par Me Simon Vigor, conseiller du roy en son Grand Conseil. *A Troyes, chez Pierre Sourdet*, 1621 ; in-8, vélin. 12 fr.

795. VINCENT. Le premier (a cinquième) volume de Vincent, Miroir hystorial (traduit par Jean de Vignay). Nouvellemēt imprimé à Paris. *Ilz se vendēt en la grant salle du palais au premier pillier, en la bouctique de Galliot du pré*, mil. v. c. xxxi (1531). (A la fin :) Cy fine le xxxiie ꝫ dernier liure de Vincent miroir historial. *Nouvellement imprime a Paris par Nicolas couteau*. Et fut achevé dimprimer le xvie jour du moys de mars Lan mil cinq cēs xxxi. 5 vol. pet. in-fol., goth., fig. sur bois, demi-rel. dos et coins de veau marb., dos orn. 1.200 fr.
Édition rare de cet important ouvrage illustré de grandes et jolies gravures sur bois.
Les tomes I et III portent la marque de *Galliot du Pré*, les tomes II, IV et V, celle de *Jehan Petit*.

796. Vinci (Léonard de). Traité élémentaire de la peinture, avec 58 figures d'après les dessins originaux de le Poussin, dont 34 en taille-douce. *Paris, Deterville, an XI* (1803); in-8, portr., br. 6 fr.
Figures au trait.

797. Voisenon. Anecdotes littéraires publiées par le bibliophile Jacob. Eau-forte de Lalauze. *Paris, libr. des Bibliophiles*, 1880 ; in-12, br. 3 fr.
Papier vergé. Frontispice par *Lalauze*.

798. Voltaire. Suite de 35 figures pour illustrer les Œuvres de Vol-

taire par Chasselat et Devéria, gravée en taille-douce par Niquet, Baqoy, Jubin, Malbeste, Cazenave, etc. ; in-12, cart. 6 fr.

799. Voyageur (Le) américain ou observations sur l'état actuel, la culture, le commerce des colonies britanniques en Amérique. Traduit de l'anglois (d'Alexandre Cluni), augmente d'un précis sur l'Amérique septentrionale et la république des treize Etats-Unis, par Jh. M*** (Joseph Mandrillon). *Amsterdam, Schuring*, 1782 ; in-8, carte, veau marbré, dos orné (*Rel. anc.*) 3 fr.

800. Vuillier (Gaston). La Danse. *Paris, Hachette*, 1898 ; in-4, br. 25 fr.
Nombreuses illustrations reproduisant, sur cet art, les documents les plus authentiques de toutes les époques. — Etat de neuf.

801. Watelet. Recueil de quelques ouvrages de M. Watelet. *Paris, Prault*, 1784 ; in-8, bas. 4 fr.
Ce volume renferme : Silvie, Zénéïde, les Statuaires d'Athènes, les Veuves, Milon, Deucalion et Pyrra, Delie, et Phaon.

802. Wyzewa (T. de). Les Chefs-d'œuvre de l'art au XIXe siècle. La Peinture étrangère au XIXe siècle. *Paris, libr. illustrée, s. d.*, in-4, cart. toile, fers spéciaux, tête dor., éb. 10 fr.
Belles planches à l'eau-forte et en taille-douce, tirées sur Chine appliqué. Vignettes dans le texte.

803. Xenophon. La Retraite des dix mille de Xenophon, ou l'expédition de Cyrus contre Artaxerxes. De la traduction de Nicolas Perrot, sieur d'Ablancourt. *Paris Vve J. Camusat et P. le Petit*, 1648 ; in-8, veau. 3 fr.
Légères mouillures.

804. Zola (Emile). L'Assommoir. *Paris, Marpon et Flammarion, s. d.* (1878) ; in-4, br., couv. 15 fr.
Ouvrage illustré de 62 compositions gravées sur bois d'après *André Gill, Clairin, Feyen-Perrin, Vierge* et autres. L'un des 130 exemplaires sur papier de Hollande. La suite sur Chine manque.

Dernières Acquisitions

805. **Almanach** historique de la Révolution française pour l'année 1792, rédigé par M. J. P. Rabaut. *Paris, Onfray* (1792) ; in-18, mar. vert, dos orn., fil., tr. dor. (*Rel. anc.*). 80 fr.

Exemplaire en PAPIER VÉLIN, orné d'un frontispice et 5 figures de *Moreau*, AVANT LA LETTRE. *Témoins.*

806. **APOLOGIE DES DAMES.** Les Jolies françaises, leurs coëffures et habillemens. Étrennes à la beauté avec des couplets galants accompagnés de figures. *Paris, Desnos, s. d.* (vers 1785) ; in-24, fig., mar. rouge, dos orn., fil., tr. dor. (*Rel. anc.*). 300 fr.

Suite de 1 titre gravé et 12 jolies figures représentant diverses coiffures de femmes à la fin du XVIIIe siècle : à la Zaïre, à la Félix, à la Salency, à la Chouchou, etc. Texte gravé en regard de chaque figure.

807. **BEAULIEU**. Les plans et profils des principales villes et lieux considérables de Catalogne [Roussillon, Conflant et Cerdagne]. *A Paris, chez l'auteur, s. d.* (vers 1700) ; 2 parties en 1 vol. in-4 oblong, mar. rouge, fil., fleur de lis aux angles, dent. int., tr. dor. (*Rel. anc.*). 250 fr.

Beaux exemplaires très grand de marges de ces deux parties de l'intéressant ouvrage connu sous le titre de *Les glorieuses conquêtes de Louis le Grand.*
Chaque planche ou feuille de texte est encadrée d'un superbe ornement gravé. Rare à rencontrer dans cette condition.
Ce volume comprend :
1° Principauté de Catalogne, titre, texte 1 f., table 2 ff., 46 vues, 17 cartes et 23 plans gravés : 2° Comté de Roussillon, Conflant et Cerdagne, titre, table 1 f., 15 vues, 3 cartes et 7 plans gravés, 1 f. de texte imprimé.
Aux armes de Louis-François LE FEVRE DE CAUMARTIN.

808. **BERAIN** (Jean). ORNEMENS inventez par J. Bérain. *Et se vendent (à Paris), chez ledit autheur aux galleries du Louvre avec privileges du roy* (1663-1670) ; in-fol. pl., veau marb., dos orn. (*Rel. anc.*). 700 fr.

Bel exemplaire sur papier fort, très grand de marges, de ce joli recueil d'ornements, renfermant les meilleurs modèles de décoration de l'époque Louis XIV.
Nombreux modèles de tapisseries dites *Bérinades*, panneaux, bronzes, plafonds, corniches, collation de Chantilly, Pompes funèbres, navires, etc.
Il contient 48 planches y compris le titre des ornements.
Aux armes du Roi LOUIS XIV.

809. **Bourghesium**. Vitæ Passionis et Mortis Jesu Christi Domini Nostri mysteria, pijs meditationibus et adspirationibus exposita, per P. J. Bourghesium. Figuris ænis expressa per Boetium a Bolswert. *Antverpiæ,* 1622 ; pet. in-8, titre gravé et fig., mar. rouge jans., dent. int., tr. dor. (*R. Petit*). 80 fr.

Ouvrage orné de 76 jolies figures de *A. Bolswert.*

810. **Burgundia**. Mundi lapis Lydius, sive emblemata Moralia nobilissimi viri D. Antonii a Burgundia... vanitas per veritatem falsi accusatur et convincitur Versibus illustratat Aurelius Augustinus Clemens. *Antverpiae, Typ. Joannis Galle,* 1666 ; in-4, fig., veau brun. (*Rel. anc.*). 75 fr.

Titre et 51 gravures d'André *Powels* d'après les dessins de *Dieppenbeck.*

811. **Cervantès**. Nouvelles exemplaires, de Michel de Cervantès Saavedra, auteur de Don Quichotte. Traduction et édition nouvelle, augmentée de trois nouvelles qui n'avaient point été traduites en France, et de la vie de l'auteur par M. l'abbé S. Martin de Chassonville. Enrichie de figures en taille-douce. *Lausanne, Bousquet,* 1759 ; 2 vol. in-12, mar. rouge, dos orné, fil., tr. dor. (*Rel. anc.*). 100 fr.

Portrait par *Kent*, et 13 figures par *Folkeima.*
Bel exemplaire.

812. **CHABERT** (de). Voyage fait par ordre du roi en 1750 et 1751 dans l'Amérique septentrionale, pour rectifier les cartes des côtes de l'Alcadie, de l'Isle Royale et de l'Isle de Terre Neuve, et pour y fixer les principaux points par des observations astronomiques. *Paris, Imp. Royale,* 1753 ; in-4, cartes, mar. rouge, dos orn., très large dent., dent. int., tr. dor. (*Derôme*). 500 fr.

TRÈS BEL EXEMPLAIRE, dans une merveilleuse reliure ornée d'une JOLIE et LARGE DENTELLE.
Ouvrage publié par l'Académie des sciences.

813. Choderlos de Laclos. Les Liaisons dangereuses ou lettres recueillies dans une société et publiées pour l'instruction de quelques autres. *Londres (Paris)*, 1796 ; 2 vol. in-8, veau racine, dos orné, dent.   120 fr.

> Ouvrage illustré de 2 frontispices et 13 figures par *Monnet* et *M*^{lle} *Gérard*, gravés par *Baquoy, Duplessi-Bertaux, Dupréel, Godefroy, Langlois*, etc.
> On y a joint un portrait de Choderlos de Laclos, par Carmontelle.

814. Cicéron. Pensées morales, recueillies et traduites par M. Levesque. *Paris, Didot et de Bure*, 1782 ; in-12, mar. rouge, fil. à froid, dent. int. (*Rel. anc.*). 40 fr.

> De la Collection des moralistes anciens.

815. Codicilles de Louis XIII, roi de France et de Navarre. A son très cher fils aîné successeur en ses royaumes de France et de Navarre, etc. (Au recto du dern. f.:) *Achevé d'imprimer le septieme d'aoust* 1643 ; 4 part. en 3 vol. in-24, mar. rouge, dos orné, fil., tr. dor. (*Rel. anc.*). 100 fr.

> Exemplaire dans une reliure fraîche de ce rare ouvrage dont on n'a pu jusqu'ici découvrir le nom de l'auteur. Livre aussi singulier que rare, dans lequel d'excellentes choses sont mêlées à beaucoup d'extravagances, et qui sous tous les rapports est un objet de curiosité.

816. Confucius. Pensées morales, recueillies et traduites du latin par M. Levesque. *Paris, Didot et Debure*, 1782 ; in-18, mar. rouge, dos orné, fil., dent int., tr. dor. (*Rel. anc.*). 40 fr.

> De la Collection des moralistes anciens.
> Reliure de Derome avec son étiquette.

817. Danse. Recueil de Contredanses nouvelles. Dansées aux bals d'Auteuil, Passy, Vincennes, Saint-Cloud, par Chorégraphie claire et succinte (*sic*), par M. Sauton, Maitre de Danse. A Paris, chès Mr de la Chevardière. Gravées par Dezauche, *s. d.*; pet. in-8, cart. bradel demi-vélin blanc. 40 fr.

> Recueil de 45 danses du 18e siècle, entièrement gravé, contenant de nombreuses planches de musique et de figures donnant la démonstration de plusieurs pas.

818. Deux harangues (Les) des habitans de la paroissè de Sarcelles à Monseigneur l'archevêque de Paris, et Philotanus. Revû et corrigé (par Nicolas Jouin). *Aix, J. B. Girard*, 1731 ; in-12, veau brun, dos orné, fil. (*Rel. anc.*). 150 fr.

> Frontispice gravé sur bois. Aux armes de Madame de POMPADOUR.

819. État actuel de la musique du roi et des trois spectacles de Paris. *Paris, Vente*, 1767 ; in-18, mar. rouge, dos orné, fil., tr. dor. (*Rel. anc.*). 30 fr.

> Joli frontispice gravé par *Moreau* daté de 1766.

820. État actuel de la musique du roi et des trois spectacles de Paris. *Paris, Vente*, 1768 ; in-18, mar. rouge, dos orné, dent., tr. dor. (*Rel. anc.*). 30 fr.

> Joli titre gravé par *Moreau*, tiré en rouge, et daté 1766.

821. État actuel de la musique du Roi et des trois spectacles de Paris. *Paris, Vente*, 1769 ; in-18, mar. rouge, dos orné, fil., tr. dor. (*Rel. anc.*). 60 fr.

> Joli titre gravé par *Moreau*, front. et 3 fig. de *Marillier* grav. par *C. Baron*, en bonnes épreuves.

822. Fontaines. Recueils de divers dessins de fontaines et de frises maritimes inventez et dessignez par M. Le Brun. *Paris, Audran*, s. d.; in-fol., veau marb. (*Rel. anc.*). 120 fr.

> Titre gravé de 19 planches représentant 32 vues de fontaines et frises.
> On y a joint : Œuvres d'architecture de Marie-Joseph Peyre avec 19 planches gravées.

823. Gilliers. Le Cannameliste français, ou nouvelle instruction pour ceux qui désirent d'apprendre l'office. Rédigé en forme de dictionnaire, contenant les noms, les descriptions, les usages, les choix et les principes de tout ce qui se pratique dans l'office, l'explication de tous les termes dont on se sert ; avec la manière de dessiner, et de former toutes sortes de contours de tables et de dormants. *Nancy, A.-D. Cusson*, 1751 ; in-4, veau fauve, dos orné. (*Rel. anc.*). 70 fr.

> Frontispice et 13 planches gravés.
> Edition originale RARE et recherchée, non seulement par ceux qui s'intéressent à l'histoire de la friandise et à l'art culinaire, mais par les artistes et les orfèvres qui trouvent dans les planches dessinées

par *Dupuis*, et gravées par *Lotha*, des modèles de pièces élégantes et gracieuses du XVIIIᵉ siècle, tels que gobelets, gobichons, cafetières, etc.

824. HAMILTON. MÉMOIRES DU COMTE DE GRAMMONT par le C. Antoine Hamilton. Edition ornée de 72 (78) portraits d'après les dessins originaux. *Londres, Edwards*, s. d. (1792) ; in-4, mar. bleu, dent. à froid, encad. et compart. de filets d'or, doubl. et gardes de moire rouge, tr. dor. (*Rel. anc.*).   500 fr.

Bel exemplaire sur PAPIER VÉLIN, contenant 78 portraits avec la lettre grise et les « *notes et eclaircissems* » qui manquent souvent.
Aux armes de la DUCHESSE DE BERRY.
Sur le titre cachet à sec EMPIRE FRANÇAIS (PARIS).

825. Histoire nouvelle de Margot des Pelotons, ou la galanterie naturelle (par Hurne de La Mothe). *Genève*, 1775 ; 2 parties en un vol. in-8, mar. rouge, dos orn., fil., tr. dor. (*Rel. anc.*)   80 fr.

Très bel exemplaire.

826. Homère. Œuvres Complètes (Illiade), traduction nouvelle, dédiée au roi ; avec des notes littérales, historiques et géographiques, suivies des imitations des poètes anciens et modernes par M. Gin. *Paris, impr. de Didot l'aîné*, 1786 ; 4 vol. in-4, demi-rel. veau fauve avec coins, *non rognés*. (*Rel. anc.*).   120 fr.

Malgré le titre d'*Œuvres complètes*, cette éditon ne contient que l'*Illiade ;* elle est illustrée d'un frontispice sur lequel est le portrait d'Homère, 24 figures par *Marillier*, et une carte géographique.
Un des exemplaires de l'édition tirée in-4, dont les figures sont encadrées.

827. Isographie des hommes célèbres ou collection de fac-simile de lettres autographes et de signatures. *Paris, Mesnier*, 1828-1830 ; 2 vol. gr. in-4, demi-rel. veau rouge, dos orn., *non rogné* (*Tripier-Bradel*).   150 fr.

Important recueil renfermant un grand nombre de fac-similés d'autographe contenant en regard les portraits des personnages, tirés sur papier vélin.

828. Jardins. Théorie des jardins (par J.-M. Morel). *Paris, Pissot*, 1776 ; in-8, mar. rouge, dos orn., fil., fleurons d'angles, tr. dor. (*Rel. anc.*).   120 fr.

Bel exemplaire aux armes du DUC d'AUMONT.

829. Kerguelen Tremarec (de). Relation d'un voyage dans la mer du Nord, aux côtes d'Islande, du Groënland, de Ferro, de Schettland, des Orcades, et de Norwège. Fait en 1767 et 1768. *Paris, impr. Prault*, 1771 ; in-4, mar. rouge, dos orn., fil., tr. dor. (*Rel. anc.*). 80 fr.

Bel exemplaire de cet ouvrage orné de nombreuses planches.

830. La Fontaine. Fables choisies, mises en vers par M. de la Fontaine, avec un nouveau commentaire par M. Coste. *Paris, Bailly*, 1757 ; 2 tomes en un vol. mar. vert, dos orn., fil., tr. dor. (*Rel. anc.*).   50 fr.

Frontispice par *Bernard Picart*, et vignettes sur bois en tête de chaque livre.

831. LA FONTAINE. Œuvres diverses de M. de La Fontaine. Nouvelle édition. *Anvers, chez les frères Jacob et H. Sauvage*, 1726 ; 3 vol. in-4, mar. citron, dos orn., fil., dent. int., tr. dor. (*Rel. anc.*).   300 fr.

Bel exemplaire de cette édition orné de 1 portrait gravé par *Duflos*, 3 fleurons par le même, 3 joliès vignettes et 3 belles lettres ornées, gravées par *Tardieu*.
Aux armes sur le dos de la reliure de Armand-Augustin de RAFFIN, marquis d'Hauterive.
Armes modernes sur les plats.

832. LA FONTAINE. Œuvres diverses. *Paris, Laurent Durand*, 1844 ; 4 vol. — Fables choisies, mises en vers par M. de La Fontaine avec un nouveau commentaire par M. Coste. *Paris*, 1745 ; 2 vol. — Ens. 6 vol. in-18, mar. vert, dos orn., fil., tr. dor. (*Rel. anc*). 200 fr.

Les œuvres sont illustrées d'un portrait d'après *Rigault*, de 4 fleurons et 4 vignettes non signés. Les Fables contiennent un beau front. de *B. Picart*, gravé par *Fessard*, et une vignette en tête de chaque livre.
Bel exemplaire dans une reliure fraiche.

Le Propriétaire-Gérant :
TH. BELIN.